Kochbuch
Tiere leben lassen

Vegetarisch und vegan kochen

Kochbuch
Tiere leben lassen

Vegetarisch und vegan kochen

Herausgegeben im Auftrag der

Gabriele-Stiftung

Das Saamlinische Werk der Nächstenliebe
an Natur und Tieren

Dein Reich kommt - Dein Wille geschieht
Bete und arbeite

Das Gnadenland
Heimat für Tiere

Der Erlös aus dem Verkauf des
Kochbuch Tiere leben lassen
Vegetarisch und vegan kochen

kommt der

Gabriele-Stiftung,
dem Saamlinischen Werk
der Nächstenliebe an Natur und Tieren,

zugute.

Eine kurze Information über die *Gabriele-Stiftung*
finden Sie im Vorwort und auf Seite 189 sowie
im Internet unter www.gabriele-stiftung.de

Verlag DAS WORT GmbH
Max-Braun-Str. 2, 97828 Marktheidenfeld
Tel. 09391/504-135, Fax 09391/504-133
Internet: www.das-wort.com

Fotos S. 3, 6/7, 8,10: Gabriele-Stiftung, Marktheidenfeld

Fotos S. 19, 137: Christian Teubner

Titelfoto und Fotos S. 23, 27, 29, 31, 39, 45, 59, 61, 69, 77, 79, 81, 87, 91, 97, 107, 111, 119, 135, 139, 141, 143, 145, 147, 149, 151, 179: foodcentrale.com

Fotos S. 5, 17, 21, 25, 33, 35, 37, 41, 43, 47, 49, 51, 53, 55, 57, 63, 65, 67, 71, 73, 75, 83, 85, 89, 93, 95, 99, 101, 103, 105, 109, 113, 115, 117, 121, 123, 125, 127, 129, 131, 133, 153, 155, 157, 159, 161, 163, 165, 167, 169, 171, 173, 175, 177, 183, 185 und alle kleinen Bilder: Verlag DAS WORT GmbH

Druck: Santec Studio und Druckerei GmbH, Marktheidenfeld

ISBN 3-89201-228-8

Inhalt

Kochbuch Tiere leben lassen

Vorwort

„Tiere leben lassen" ist das Motto dieses Kochbuches, herausgegeben im Auftrag der „Gabriele-Stiftung. Das Saamlinische Werk der Nächstenliebe an Natur und Tieren".

Zunächst einige kurze Ausführungen über die Gabriele-Stiftung.

Tiere und Natur genießen in unserer Gesellschaft keine Achtung. Sie wurden zu Produktionsfaktoren degradiert, ohne Würde, ohne Rechte. Den Tieren ihre Würde und ihren Lebensraum zurückzugeben, das ist das Ziel der Gabriele-Stiftung, in der sich Menschen zusammengeschlossen haben, die sich bemühen, in ihrem Leben die Zehn Gebote und die Lehren der Bergpredigt des Jesus von Nazareth zu verwirklichen. Dazu zählt z.B.:

- daß sie **kein Fleisch essen**, weil sie keine Tiere töten,

- daß sie die **Tiere als Geschöpfe Gottes achten** und ihnen als Freunde begegnen,

- daß sie nicht nur vom Tierschutz reden, sondern **Tieren konkret helfen**:
  - durch **Rettung aus verwahrloster Tierhaltung,**
  - durch den **Freikauf junger Tiere vom Schlächter,**
  - durch **Unterbringung auf ordentlichen Weiden** mit schützenden Unterständen,
  - durch die Anlage eines großen **Biotopverbundes** aus Benjeshecken, Baumhecken, Bauminseln, Steinbiotopen und Feuchtbiotopen auf vielen Kilometern Länge angepachteter Feldstreifen,

- durch Anlage von **Jungwald** und Kauf von bestehenden Waldstücken, in denen Waldtiere Wasser und im Winter Nahrung finden,
- durch **Pflege kranker Tiere**, die normalerweise getötet würden,
- durch die Anlage großer **Freilaufweiden,**
- durch **Versorgung** von Weidetieren wie Urrindern, Saler-Rindern, Hinterwälder-Rindern, Eseln, Pferden, Schafen, Kamerun-Schafen, die auf einem großen Hof in Tierpensionen untergebracht sind,
- durch das Aufstellen von **Vogelfuttersilos und Wasserbecken** im Wald und in den Biotopen.

Auch im Bereich der Landwirtschaft werden die Ideale der Gabriele-Stiftung von befreundeten Landwirten im Friedfertigen Landbau in die Tat umgesetzt. Das bedeutet zum Beispiel:

- Sie bauen Obst, Getreide und Gemüse **naturgemäß** an.
- Sie stellen nach und nach auf **mehrjährige Pflanzen** um, die bei der Ernte dem Boden nicht entrissen werden müssen. Sie fördern dadurch nicht nur die vegane, sondern auch mehr und mehr die **terrane Ernährung**.
- Sie verwenden keinen **künstlichen Dünger, keine Pestizide**, also keine Fungizide, Herbizide, Insektizide.
- Sie düngen die Felder auch **nicht mit Mist oder Gülle**.
- Sie verwirklichen die **Dreifelder-Bewirtschaftung:** Jedes Feld liegt jedes 3. Jahr brach und kann ruhen.
- Sie schützen ihre Felder durch **Hecken** und **Feldgehölze**.
- Sie bearbeiten die Felder schonend und **schützen die Kleinstlebewesen** im Feld und im Erdreich.
- Sie **lagern** Getreide und Obst **mit größter Sorgfalt** und pflegen es bis zur Weiterleitung in die Mühle oder an die Marktstände und Läden.
- Sie lassen **auf ihren Feldern** im Herbst von der Ernte **einiges für die Tiere** stehen.

Hier sehen Sie einige der vielen Tiere, die dank der Gabriele-Stiftung gerettet werden konnten.

Alle Tiere haben natürlich Namen - das sind Isis, Sausa und Helena ...

Chasry ...

und Avani.

Die Aktivitäten der Gabriele-Stiftung sind eine Wiedergutmachung an Natur und Tieren und bilden das Fundament für eine friedvolle Zukunft, in der Mensch, Natur und Tiere wieder in Einheit leben. Unter Anleitung der Gründerin Gabriele und mit der Hilfe vieler Freunde und Förderer der Gabriele-Stiftung vollzieht sich Schritt für Schritt, was der Prophet Jesaja vor Tausenden von Jahren ankündigte: „Das Lamm wird beim Wolf liegen, der Löwe beim Kalb, und ein kleiner Junge wird sie hüten." Es ist der Beginn des Friedensreiches.

Das kann jedoch erst werden, wenn der Mensch keinem Lebewesen mehr Leid zufügt. Die Verwirklichung dieser großen Vision hängt einzig von der Entscheidung eines jeden einzelnen ab. Ein guter Anfang wäre gemacht, wenn das bestialische Töten und Morden von Tieren zum Fleischgenuß des Menschen ein Ende fände. Dazu bedarf es des Umdenkens, denn viele Menschen machen sich nicht bewußt, woher das Fleisch auf ihrem Teller kommt. Gedankenlos verspeisen sie den Sauerbraten, die Roulade, das Würstchen, das Filet und ignorieren die Tatsache, daß sie sich soeben an Tierleichenteilen gütlich tun.

Die Gabriele-Stiftung leistet hier einen großen Beitrag zur Aufklärung über das unsägliche Leiden der Tiere z.B. in der Massentierhaltung, bei Tiertransporten, in Schlachthöfen ... Wir möchten Ihnen an dieser Stelle keine anschauliche Darstellung zumuten, denn dieses Kochbuch soll Ihnen Freude beim Kochen und Freude am Essen bereiten - in dem Bewußtsein und dem guten Gefühl, vielen Tieren Leiden und Leid zu ersparen, denn durchschnittlich kostet der Fleischgenuß eines einzigen Menschen ca. 450 seiner Mitgeschöpfe das Leben. Jeder, der vegetarisch und vegan kocht und speist, hilft mit, weltweit Tierleid zu lindern.

Wer sich dennoch einmal mit der Realität konfrontieren und erfahren möchte, wie der grausame Werdegang z.B. des „köstlichen" Schnitzels auf seiner Speisekarte aussieht, dem übersenden wir gerne gratis ein Video. Setzen Sie sich einfach mit uns in Verbindung (Verlag DAS WORT, Max-Braun-Str. 2, 97828 Marktheidenfeld, Tel.09391/504-135, Fax -133)

Wer sich noch mit der Frage auseinandersetzt „Fleisch essen, ja oder nein?", ist jedoch oft verunsichert, da ihm im christlichen Abendland von Kindesbeinen an eingetrichtert wurde, Fleisch sei gesund, ja unerläßlich für das Gedeihen des menschlichen Körpers. Ein Kind, das oft noch das rechte Herzensgefühl hat und sich instinktiv gegen das Fleischessen wehrt - besonders wenn es erfährt, daß dafür Tiere getötet werden -, wird meist mit vielen Argumenten mundtot gemacht. Als Rechtfertigung wird oft noch angeführt: „Jesus hat doch auch das Osterlamm gegessen." Das Kind gibt schließlich nach und duldet dann eben Braten, Schnitzel, Leber etc. auf seinem Teller, bis es sich genauso daran gewöhnt hat wie der Erwachsene.

Was vor ca. 2000 Jahren wirklich geschah, erklärt Christus heute in Seinem großen Offenbarungswerk „Das ist Mein Wort. A und Ω. Das Evangelium Jesu. Die Christus-Offenbarung, welche inzwischen die wahren Christen in aller Welt kennen":

„Weder von den Aposteln noch von den Jüngern wurde angeordnet, ein Lamm zu schlachten. Doch sowohl Mir als auch den Aposteln und Jüngern wurden Teile eines zubereiteten Lammes als Gabe der Liebe gereicht. Unsere Nächsten wollten uns damit beschenken, da sie es nicht besser wußten. Ich segnete die Gabe und begann, das Fleisch zu Mir zu nehmen. Meine Apostel und Jünger taten es Mir gleich. Anschließend stellten sie Mir sinngemäß die Frage: Wir sollen doch vom Fleischverzehr Abstand nehmen. So hast du uns befohlen. Nun hast Du selbst Fleisch verzehrt.

Ich unterwies die Meinen: Der Mensch soll kein Tier mutwillig töten und auch nicht das Fleisch von Tieren verzehren, die zum Fleischverzehr getötet wurden. Doch wenn Menschen, die noch unwissend sind, Fleisch als Nahrung zubereitet haben und es dem Gast zum Geschenk machen und ihm zum Gastmahl reichen, dann sollte der Gast die Gabe nicht ablehnen. Denn es ist ein Unterschied, ob der Mensch aus Gier nach Fleisch dieses verzehrt oder als Dank an den Gastgeber für seine Mühe."

Die Barbarei gegenüber den Tieren geht letztlich auf Berichte im Alten Testament zurück, in denen angeblich Gott den Priestern befohlen haben soll, Tiere grausam hinzuschlachten und zu opfern. Seitenweise wird dem Bibelleser bei Mose vorgegaukelt, Gott wolle, daß Tiere gefoltert und für Ihn getötet werden. Schlau wurden diese Texte so manipuliert, daß die Gläubigen glauben sollen, Gott sei ein perverses, brutales, liebloses und jähzorniges Wesen, das seine Freude an brutalem und sinnlosem Gemetzel von Tieren habe. Wer glaubt, das sei Gottes Wort, so, wie es einem die großen Institutionen weismachen wollen, der ist der Verdunkelung der Wahrheit auf den Leim gegangen. Wer jedoch bei den Propheten forscht, findet sogar in der Bibel noch so manch wahres Wort Gottes, zum Beispiel:

„Wer einen Ochsen schlachtet, ist eben als einer, der einen Menschen erschlüge; wer ein Schaf opfert, ist als der einem Hund den Hals bräche; wer Speiseopfer bringt, ist als der Saublut opfert; wer Weihrauch anzündet, ist als der das Unrecht lobt. Solches erwählen sie in ihren Wegen, und ihre Seele hat Gefallen an ihren Greueln." (Jesaja 66,3)

„Ihr Opfer schlachten und Fleisch fressen ist mir ein Greuel, und der Herr hat kein Gefallen daran ..." (Hosea, 8, 13)

Der große Kirchenlehrer Hieronymus bringt es auf den Punkt: *„Der Genuß des Tierfleisches war bis zur Sintflut unbekannt. Aber seit der Sintflut hat man uns die Fasern und die stinkenden Säfte des Tierfleisches in den*

Mund gestopft ... Jesus Christus, welcher erschien, als die Zeit erfüllt war, hat das Ende wieder mit dem Anfang verknüpft, so daß es uns jetzt nicht mehr erlaubt ist, Tierfleisch zu essen."

Wie Jesus, der Christus, der Sohn Gottes, zum Töten und Quälen von Tieren stand und was Er darüber lehrte, geht aus vielen weiteren Aussagen in „Das ist Mein Wort" klar hervor, z.B.:

„Und als Jesus nach Jericho ging, begegnete Ihm ein Mann mit jungen Tauben und einem Käfig voller Vögel, welche er gefangen hatte. Und Er sah ihren Jammer darüber, daß sie ihre Freiheit verloren hatten und außerdem Hunger und Durst litten.

Und Er sprach zu dem Manne: „Was tust du mit diesen?" Und der Mann antwortete: „Ich lebe davon, daß ich die Vögel verkaufe, die ich gefangen habe."

Und Jesus sprach zu ihm: „Was denkst du, wenn ein Stärkerer oder Klügerer, als du bist, dich gefangen nehmen und dich fesseln würde oder auch dein Weib oder deine Kinder und dich ins Gefängnis werfen würde, um dich zu seinem eigenen Vorteile zu verkaufen und seinen Lebensunterhalt damit zu verdienen?

Sind diese da nicht deine Mitgeschöpfe, bloß schwächer als du? Und sorget nicht derselbe Gott, Vater und Mutter, für sie ebenso wie für dich? Lasse diese deine kleinen Brüder und Schwestern in Freiheit, und siehe zu, daß du solches nie wieder tust, sondern daß du ehrlich dein Brot verdienst."

Und der Mann erstaunte über diese Worte und Seine Vollmacht und ließ die Vögel frei. Als die Vögel herauskamen, flogen sie zu Jesus, setzten sich auf Seine Schultern und sangen Ihm."

Auch wenn das Töten und Essen von Tieren in unserem christlichen Abendland üblich ist: Es ist nicht christlich und hat mit Jesus, dem Christus, nichts zu tun.

Doch ganz gleich, ob Christ, Moslem, Hindu, Buddhist, Atheist - die Ethik des Menschen beginnt immer bei ihm selbst, in seinem eigenen Umfeld und zeigt sich unter anderem auch in seinen Eßgewohnheiten. Mahatma Gandhi, Nobelpreisträger 1913, sagte schon: *„Für mich ist das Leben eines Lamms nicht weniger wertvoll als das Leben eines Menschen. Und ich würde niemals um des menschlichen Körpers willen einem Lamm das Leben nehmen wollen. Je hilfloser ein Lebewesen ist, desto größer ist sein Anspruch auf menschlichen Schutz vor menschlicher Grausamkeit ..."*

Immer mehr Menschen denken wie er; immer mehr ziehen daraus die Konsequenzen und gewinnen eine höhere Lebensqualität.

Das „Kochbuch Tiere leben lassen“ möchte dazu beitragen, daß immer weniger Tiere, die unsere Mitgeschöpfe sind, unter dem Menschen zu leiden haben. Wir möchten insbesondere denjenigen, die von Fleischnahrung Abstand nehmen wollen, die Umstellung erleichtern, indem wir ihnen eine große Vielfalt an schmackhaften Rezepten anbieten.

Bei allen Rezepten dieses Buches wurde aus Achtung vor den Tieren und aus Liebe zu ihnen auf Eier, Milchprodukte und andere Zutaten tierischen Ursprungs verzichtet. Auf Wunsch vieler Leser unseres „Tierfreundlichen Kochbuches“ sind wieder einige Backrezepte aufgenommen sowie Rezeptvorschläge unter Verwendung von *iBi*- und *DiWi*-Produkten. Alle Rezepte und Hinweise verstehen sich als Vorschläge und Anregungen zu weiteren Variationen nach Ihrem Belieben.

Das „Kochbuch Tiere leben lassen“ empfiehlt für die Zubereitung der leckeren Gerichte die Verwendung von hochwertigen Lebensmitteln - im Interesse Ihrer Gesundheit und der Natur. Unter dem Gütesiegel „Lebe Gesund - Güter Neu Jerusalem. Wir arbeiten für Natur und Tiere“ erhalten Sie gesunde Lebensmittel aus der reinen Natur: Gemüse und Obst, gutes Brot aus Steinmühlenmehl, feine Aufstriche, Suppen, Kräutersaucen, *iBi* in verschiedenen Variationen - aus Sonnenblumenkernen, auch als Alternative für Butter, Sahne und Mayonnaise -, gesunde Säfte und vieles mehr.

Wir arbeiten für Natur und Tiere
Lebe Gesund
Güter Neu Jerusalem

Einen Gratis-Versandkatalog mit den original *iBi*-Produkten, Gourmet-Kräutersaucen und vielen weiteren schmackhaften Naturprodukten erhalten Sie direkt bei:

Lebe Gesund! Versand
Max-Braun-Str. 4, 97828 Marktheidenfeld
Tel. gebührenfrei rund um die Uhr:
0800/122-4000, Fax 0800/122-4009

Internet: www.LebeGesund.de
oder auf den Lebe Gesund Märkten in vielen Städten in Deutschland

Tips und Tricks, Grundrezepte und Produktinformationen für Sie

Zum Wohl der Tiere

Dieses Kochbuch ist für Menschen geschrieben, die Tiere achten und lieben und sie deshalb nicht mehr dem Schlächter ausliefern wollen. Es geht also an erster Stelle um das Wohl der Tiere.

Deshalb soll das vegan/vegetarische Essen so lecker schmecken, daß auch traditionsgeprägte Gäste das Fleisch dabei nicht vermissen. Beglücken Sie Ihr Umfeld mit einer freundlichen, leckeren und herzhaften Küche – ohne Tierleichenteile!

Nur beste Qualität bei Obst, Gemüse und Getreideprodukten

Am besten schmeckt die vegan/vegetarische Küche, wenn das verwendete Obst, Gemüse und Getreideprodukt viel Aroma hat, weil es natürlich, in Einklang mit einem gesunden Boden, wachsen konnte.

Vermeiden Sie deshalb Produkte von Landwirten, die Kunstdünger, Klärschlamm, Mist und Gülle auf ihre Felder gießen und mit Pestizid-Giften die Pflanzen- und Tierwelt malträtieren. Denn die Achtung vor den Tieren gilt auch den Klein- und Kleinstlebewesen des Ackers. Wir empfehlen Ihnen darum Obst, Gemüse und Getreideprodukte aus Friedfertigem Landbau: Bezugsquelle S. 11.

Wie bindet man Suppen, Saucen und Desserts in der vegan-vegetarischen Küche?

Die edelste Bindung entsteht durch püriertes Gemüse (z.B. in Suppen oder Tomatensauce) oder in asiatischen Saucen und Gerichten durch Mitkochen einer zerdrückten reifen Banane. Bei Saucen genügt es oft, eine rohe, geschälte Kartoffel, fein gerieben, oder Kartoffelflocken dazuzugeben und kurz aufzukochen. Für die klassische Bindung mit Maisstärke rührt man diese separat mit etwas kaltem Wasser an, mengt die Mischung dann in das Gericht ein und läßt sie ca. 3 Min. köcheln, bis die Maisstärke abbindet.

Die sämige Bindung läßt sich in der veganen Küche statt mit Sahne durch „iBi" erreichen, eine Sonnenblumen-Creme, die in vielen verschiedenen Geschmacksrichtungen erhältlich ist. (Bezugsquelle: S. 11)

iBi-Bärlauch, iBi-hot, iBi-Meerrettich, iBi-Kräuter, iBi-pur, iBi-Räuber ...

Helle Saucen lassen sich problemlos herstellen - verwenden Sie dazu ebenfalls die iBi-Produkte. Sie können auch die übliche Kuhmilch oder Sahne durch andere „Milch"-Sorten ersetzen, z.B.:

Mandelmilch

Ein Traditionsgetränk aus der arabischen Kultur. Schmeckt kühl, erfrischend, nach Mandeln. Farbton: durchschimmernd weiß. Ideal als Basis für Dessertcreme mit Mandelkrokant und für kalte Süßgetränke mit Vanille-, Kakao- und Kaffee-Geschmack.

Reismilch

Neutral cremig-süßer Geschmack. Farbton: weiß. Gut verwendbar für Bechamel-Saucen zu Gemüse aller Art. Für Capuccino aufschäumbar. Ideal als Basis für Dessertcremes mit Früchten, vor allem die Reismilch mit Vanillegeschmack.

Kokosmilch

Schmeckt stark nach Kokos, deshalb zum Kochen und für Süßspeisen generell 1:1 verdünnen. Farbton: weiß. Traditionelle Basis für Thai-Gerichte.

Für Dessertcremes besonders lecker mit Ananasstückchen (Ananas-Saft für Creme mitverwenden) und in Kombination mit frischem Ingwer (dünn geschnittene Ingwerscheibchen mitkochen, dann absieben).

Hafermilch

Angenehmer, erfrischender Geschmack mit einem leichten Aroma von Haferflocken. Verwendbar wie Reismilch. Farbton: beige. Für Capuccino aufschäumbar. Gibt's auch als Hafer-„Sahne“ in dickflüssiger Form.

Sojamilch

Ganz leicht bohnig schmeckend. Farbton: hellgelb. Wird sowohl in der warmen Küche als auch für Desserts verwendet. Auch als Soja-„Sahne“ erhältlich. Bestimmte Marken lassen sich sogar zu „Schlagsahne“ aufschlagen.

Gewürze: für den guten Geschmack

Gekörnte Gemüsebrühe

Unverzichtbar beim Kochen ist eine qualitativ hochwertige gekörnte Gemüsebrühe. Wir empfehlen: Streuwürze/Gemüsebrühe von Lebe Gesund aus Gemüse und Kräutern aus Friedfertigem Anbau: ohne tierische Bestandteile, ohne Glutamat oder andere Geschmacksverstärker, ohne Hefeextrakt.

"Grüne Saucen"

Ein Geheimtip für Geschmack und Gesundheit sind die „grünen Kräutersaucen“, z.B. „Pesto“, „Bärlauch-Sauce“, „Pesto rosso“, „Petersilien-Sauce“, die alle besonders vielseitig zu verwenden sind: Einfach als fertige Sauce (müssen dazu nicht einmal erhitzt werden!) zu Nudeln, Kartoffeln oder Reis oder zum Abrunden von Suppen und Saucen; aufs Brot, zum Salat usw.

„Grüne Saucen“

Kreuzkümmel

Kreuzkümmel sieht fast so aus wie unser traditioneller Kümmel, nur schmeckt er anders. In den südlichen Mittelmeerländern wird er generell zum Würzen von Auberginengerichten verwendet. Probieren Sie ihn mal in kleine Mengen aus. Sein würziges, volles Aroma in zarter Dosierung bereichert manch mediterranes Gericht.

Curry

Curry ist eine Gewürzmischung, die zum größten Teil Kurkuma (Gelbwurz) und Senfmehl enthält, neben allen anderen exotischen Zutaten. Jeder Hersteller hat sein eigenes Currygemisch: die einen sind sehr scharf, die anderen vollmundig-mittelscharf. Testen Sie verschiedene Currymischungen und bleiben dann bei einer. Verwenden Sie nie unbekannte Mischungen, wenn Sie für Gäste kochen – es könnte leicht zu scharf werden. Außerdem: Curry schmeckt am aromatischsten, wenn man ihn gegen Ende des Zwiebelanbratens beimengt und 1 Min. mitbrät. Tip: Küchentüre zu, Küchenfenster auf, da lecker, aber intensiv!

Paprika

Nicht der scharfe Paprika macht den Geschmack von ungarischen Speisen aus, sondern Unmengen von edelsüßem Paprikapulver, die lange mitgekocht werden. Den Grad der Schärfe stellt man dann gegen Ende mit scharfem Paprikapulver oder Chili ein. Übrigens: Paprika verbrennt in heißem Öl, also immer erst in die Flüssigkeit geben.

Pfeffer

Natürlich frisch aus der Mühle! Der schwarze Pfeffer ist aromatischer. Und im heißen Fett mit den Zwiebeln mitbraten, das fördert sein Aroma.

Chili

Als Pulver schwer zu dosieren – noch schwieriger ist der Einsatz von frischen Chili-Schoten. Am einfachsten dosieren Sie die Schärfe mit flüssigem Pfeffer (Tabasco).

Ingwer

Frische Ingwerknollen sind kleine „Wurzelmännchen“. In dünne Scheiben geschnitten und wie Knoblauch verwendet, verfeinert Ingwer manches Gericht – nicht nur die asiatischen. Probieren Sie zunächst in kleinen Mengen aus, ob er Ihnen schmeckt. In der Regel wird er von den meisten Gästen geschätzt, vor allem auch zur Aromatisierung von Getränken.

Tips und Tricks, Grundrezepte und Produktinformationen für Sie

Einige Grundrezepte:

Pellkartoffeln

Ein paar Pellkartoffeln als eiserne Reserve im Kühlschrank sind immer gut. Darum kochen Sie ruhig etwas mehr, als Sie gerade benötigen.

Beachten Sie die verschiedenen Kartoffelsorten:

- Festkochende Sorten: für Pellkartoffeln mit Dip, Kartoffelsalat, Gratins, Schweizer Rösti und alle weiteren Verwendungen, wo die Kartoffeln am Stück bleiben sollen.
- Mehligkochende Sorten: für Kartoffelpüree, Knödel, Gnocchi, Kartoffelsuppe und alle weiteren Verwendungen, bei denen die Kartoffeln zerfallen sollen.

Waschen Sie die gewünschte Menge Kartoffeln mit einer Bürste oder einem Reibeschwamm, aber schälen Sie sie nicht. Setzen Sie sie in einem großen Kochtopf, mit Wasser bedeckt und 1 - 2 TL Salz, kalt auf, und bringen Sie sie zum Kochen. Dann weitere 20 - 25 Min köcheln lassen.

Garprobe: mit spitzem Küchenmesser anstechen. Sind sie innen noch fest, dann weiterköcheln lassen.

Falls die Kartoffeln gleich gegessen werden sollen: Nach dem Kochen abtropfen lassen und, in einem Küchentuch eingeschlagen, in einer großen Schüssel auf den Tisch stellen. Für andere Verwendungen die benötigte Menge noch heiß pellen, die überzähligen abkühlen lassen und in verschlossenem Gefäß im Kühlschrank lagern. So bleiben sie noch 3 - 4 Tage einwandfrei verwendbar.

Salzkartoffeln

... sind schnell gekocht: gewünschte Menge Kartoffeln (festkochende Sorte) putzen, schälen und vierteln. Die Kartoffeln in einen Topf geben, mit kaltem Wasser bedecken und leicht salzen (weniger als bei Nudeln!). Dann aufkochen - weitere 20 Min. leicht köcheln lassen. Garprobe. mit einer Gabel. Das Kochwaser abgießen und die Kartoffeln in einer vorgewärmten Schüssel sofort servieren. Petersilie paßt sehr gut als Dekoration.

Nudeln kochen

Hier kann man einiges vom Italiener lernen: Nehmen Sie zum Nudelkochen einen großen Kochtopf, und salzen Sie das Wasser gut. Bringen Sie es sprudelnd zum Kochen, und schütten Sie die Nudeln hinein - nicht mehr als 500 g Nudeln auf 3 Liter Kochwasser. Bei maximaler Hitze gleich wieder zum Kochen bringen, unter regelmäßigem Rühren, damit z.B. die Spaghettis nicht zusammenkleben. Sobald das Wasser wieder kocht, brauchen Sie nicht mehr zu rühren. Die optimale Kochzeit für die jeweilige Nudelsorte ist meist auf der Packung angegeben.

Nach Ablauf der Kochzeit gießen Sie die Nudeln in einen Seiher, geben 4 - 8 EL Olivenöl in den Topf und schütten die abgetropften, aber noch nassen Nudeln mit dazu. Dann vorsichtig das Öl unter die Nudeln mischen.

Sie können die Nudeln auf vorgewärmten Tellern mit einer zuvor vorbereiteten Sauce anrichten und sofort servieren.

Oder: Erhitzen Sie die Nudelsauce in einer großen Bratpfanne, und schwenken Sie die abgetropften Nudeln darin. Dann erst die Teller anrichten und servieren.

Asia-Reis

Es gibt viele Wege, Reis zu kochen: körnig in reichlich Salzwasser, breiig mit speziellen Reissorten wie Risotto usw. An dieser Stelle möchten wir Ihnen eine sehr einfache Zubereitungsart zeigen, wie sie in Asien üblich ist:

Verwenden Sie einen Langkornreis. Geben Sie die gewünschte Menge Reis - z.B. 400 g - in einen mittelgroßen Kochtopf, und waschen Sie ihn darin 3 x (Wasser eingießen, umrühren, Wasser vorsichtig wieder abgießen, bis auf einen kleinen Rest - dann wieder mit Wasser auffüllen etc.), bis das Wasser nicht mehr weißlich ist.

Gießen Sie dann bis 3 Fingerbreit über den Reis wiederum Wasser an - in der Regel ohne Salz -, bringen alles zum Kochen und köcheln dann 2 Min. weiter.

Dann nehmen Sie den Topf vom Herd, decken ihn mit einem dichten Deckel zu und lassen den Reis garen (Deckel nicht aufmachen!). Nach ca. 20 Minuten ist der Reis fertig.

Couscous

Couscous ist ideal für die schnelle Küche: Diese gelben Krümelnudeln sind ein nordafrikanisches Traditionsgericht aus vorgedämpftem Hartweizengrieß, schmekken also lecker wie Spaghetti, müssen aber nicht mehr gekocht werden - man läßt sie nur 5 - 8 Minuten quellen, und schon sind sie fertig.

Wenn Sie z.B. spätabends gern noch etwas Warmes essen möchten oder Überraschungsgäste plötzlich vor der Tür stehen, probieren Sie einmal ein Couscous-Schnellgericht:

* Gemüse (Zucchini, Paprika, Karotten, Wirsing, auch Salat - was Sie gerade zur Hand haben) putzen und in feine Streifen schneiden. In einer gut vorgeheizten Bratpfanne 1 kleingehackte Zwiebel in Olivenöl 1 Min. anbraten und das Gemüse 5 Min. mitbraten.
* 2 Tassen Wasser mit 2 TL gekörnter Gemüsebrühe und 1 Tasse Couscous dazugeben und aufkochen lassen.
* Dann den Topf vom Herd nehmen und zugedeckt 8 Min. ohne Hitze quellen lassen. Gut auflockern, nach Wunsch etwas Olivenöl unterrühren und gleich auf Tellern servieren. (Siehe auch Rezeptvorschläge auf Seiten 52, 54, 146)

Es muß nicht immer Tomatensauce sein!

Überschmelzen Sie einfach mal die Tagliatelle, Ravioli oder Gnocchi mit folgenden Zubereitungen:

1. Frische Salbeiblätter in Margarine oder Olivenöl mit einer Prise Salz leicht dünsten und darin die Teigwaren schwenken und sofort als Tellergericht servieren.
2. Oder kleingehackte Pilze in Margarine oder Olivenöl anbraten, dann Zwiebeln mitbraten und schließlich mit einer Prise Salz abschmecken. Teigwaren damit überschmelzen.
3. Oder einfach eine der „grünen Kräutersaucen" zu den fertigen Teigwaren geben. Köstlich!

Eine vegan-vegetarische „Bratensauce" ... geht ganz einfach und schmeckt:

Zutaten:

3 mittelgroße Zwiebeln
8 EL Olivenöl
2 Lorbeerblätter
12 Wacholderbeeren
2 TL Pflaumenmarmelade (auch Brombeer-, Preiselbeer-, Hagebuttenmarmelade)
330 g Tomatensauce aus dem Glas
150 ml Rotwein
1 TL gekörnte Gemüsebrühe
Pfeffer, Salz

Zubereitung:

* Zwiebeln grob hacken und zusammen mit Lorbeerblättern, Wacholderbeeren und Pflaumenmarmelade im Olivenöl braten, bis die Marmelade die Zwiebelstücke leicht karamelisiert (ca. 5 Min, nicht anbrennen lassen!).
* Mit Tomatensauce und Rotwein ablöschen, aufkochen und 15 Min köcheln lassen.
* Mit der gekörnten Gemüsebrühe, Pfeffer und Salz abschmecken

Schmeckt wunderbar zu Kartoffelpüree.

Tips und Tricks, Grundrezepte und Produktinformationen für Sie

Es muß nicht immer Tofu sein ...

Versuchen Sie einmal „DiWi“, das „Fleisch ohne Fleisch“: Die Grundmasse ist aus Weizen-Eiweiß, lecker zubereitet zu vegan-vegetarischem DiWi-Ragout und DiWi-Salamino. Die zarten und doch bißfesten pflanzlichen DiWi-Produkte schmecken - klassisch gekocht als Gulasch oder Curry - so, daß so mancher durch die traditionelle Fleischküche geprägter Gast das „ach so zarte Stück Kalbfleisch“ lobt - und das Kälbchen hüpft derweil lebendig auf der Weide herum.

Abgesehen vom herzhaften Geschmack: DiWi-Weizen-Eiweißprodukte enthalten kein Cholesterin und sind fettarm.

Spezialitäten ...

gibt es so viele, daß wir uns hier auf die Vorstellung einer einzigen, sehr wertvollen Besonderheit beschränken möchten: des Kürbiskernöls.

Kürbiskernöl ist zu wertvoll, um erhitzt zu werden. Damit würden viele der gesunden Inhaltsstoffe leiden bzw. ganz vernichtet werden. Sinnvoll und auch sehr schmackhaft ist es, das Öl in kleinen Mengen, tröpfchen- oder teelöffelweise, auf die schon auf dem Teller angerichteten Speisen wie Salat, Nudeln oder Kartoffeln zu geben.

Oder probieren Sie einmal Kürbiskern-Bruschetta: (für 4 Personen):

Zutaten: 1 Tomate, 1 kleine Zwiebel, 1 Knoblauchzehe, 3-4 EL Kürbiskernöl, Salz und Pfeffer zum Abschmecken, 8 Scheiben Baguette-Brot

Zubereitung: Tomate, Zwiebel und Knoblauch in feine Würfel schneiden und mit dem Kürbiskernöl mischen. Das Ganze mit Salz und Pfeffer (am besten frisch gemahlen) abschmecken. Die Brotscheiben im Backofen bei ca. 70° C toasten. Die Tomaten-Zwiebel-Mischung auf die warmen Brotscheiben geben und sofort servieren.

Tip: Als besondere Raffinesse können Sie bei dieser Vorspeise noch Kürbiskerne über die fertigen Brote streuen.

Erhältlich bei
Hin zur Natur-Versand
Max-Braun-Str. 4
97828 Marktheidenfeld-Altfeld
Versandkatalog gratis. Tel. 0800/5040555
www.hin-zur-natur.de

Erhältlich im Direktversand bei:
GUT FÜR TIERE-Versand
Johanneshof 1, 97834 Birkenfeld
Tel. 09398/998915
www.gut-fuer-tiere.de

Fettarm kochen?

Möchten Sie z.B. leckere Auberginen braten, aber mit weniger Olivenöl als in der spanischen Küche üblich, dann bietet sich folgendes an:
Statt die Auberginen (oder auch Zucchini, Paprika, ...) schwimmend in Olivenöl auszubraten, legen Sie sie auf ein Backblech, bepinseln sie mit Olivenöl, würzen sie mit Pfeffer und Salz (Vorsicht: gekörnte Gemüsebrühe immer erst nach dem Backen dazugeben - sie verbrennt sonst) und backen bei ca. 220°C im vorgeheizten Ofen goldbraun. So können Sie die im Gericht enthaltene Menge Öl exakt bestimmen. Ähnliches gilt auch bei der fettarmen Herstellung von Croûtons.

Was gestern gut geschmeckt hat ...

ist heute auch noch lecker.
Nudeln oder Reis vom Vortag braten Sie am besten in der Bratpfanne mit etwas Margarine oder Olivenöl leicht knusprig an, geben dann die Sauce vom Vortag mit dazu und lassen alles kurz aufkochen. Auf einem vorgewärmten Teller servieren. Die Variante, z.B. die Nudeln in einer Sauce aufzukochen, ist weniger zu empfehlen, da die Nudeln schon gar sind und beim zweiten Mal Erhitzen möglicherweise zu weich werden.
Zähe Brötchen oder gutes Brot vom Vortag einfach in Scheiben geschnitten toasten. Selbst wenn Sie die Brotscheiben nicht goldbraun rösten, sondern nur erhitzen - der Toaster frischt das Brot auf. Dann sofort genießen.
Getoastete Brotscheiben können auch in Würfelchen geschnitten und mit Olivenöl und etwas gekörnter Gemüsebrühe verrührt werden - schmeckt super als herzhaftes Knabbergebäck.
Salat vom Vortag, der nicht mehr ganz frisch aussieht, verwandelt sich ganz einfach in eine leckere sauer-scharfe asiatische Suppe: den Salat kleinschneiden und samt Salatsauce mit Wasser und gekörnter Gemüsebrühe aufkochen und nach Belieben scharf würzen.
Karoffeln oder Kartoffelpüree vom Vortag gehören zu den Küchenlieblingen: mit ein paar gehackten Zwiebeln in Margarine anbraten, ob als Bratkartoffeln oder Kroketten. Pellkartoffeln vom Vortag sind ein fester Bestandteil vieler Rezepte: Schweizer Rösti, Gratins, Aufläufe etc.
Gemüse vom Vortag wird, mit einem Schuß Wasser aufgekocht, schnell wieder aufgefrischt. Ist es schon etwas zerkocht, aber noch lecker, hilft eine optische Aufwertung durch Tomatensauce.
„Wilde Mischungen" schmecken oft auch erstaunlich gut - sei es als pürierte Suppe aus dem aktuellen Kühlschrankinhalt mit viel frischer Petersilie darüber oder als Kartoffel-Gemüse-Krokette oder Gemüse-Bratlinge aus in Weißwein eingeweichtem Weißbrot ... Lassen Sie Ihre Phantasie walten.

Die Zutaten für alle Rezepte in unserem „Kochbuch Tiere leben lassen. Vegetarisch und vegan kochen" sind für 4 Personen berechnet.
Manche Gerichte sind mit Weißwein oder Rotwein zubereitet - falls Sie auf Alkohol verzichten möchten, können Sie Weißwein durch Apfelsaft ersetzen und Rotwein, je nach Rezept, durch Johannisbeersaft oder rotem Traubensaft.

Nun bleibt uns noch, Ihnen und Ihrer Familie viel Freude beim Kochen und einen guten Appetit zu wünschen!

Blumenkohl-Creme-Suppe

Zutaten:

- 1 Zwiebel
- 4 EL Olivenöl
- 1 Blumenkohl
- 1 1/2 Liter Gemüsebrühe
- Petersilie
- iBi-Kräuter oder Sojasahne

Zubereitung:

- Zwiebeln schälen, kleinhacken und im Suppentopf im Olivenöl kurz anbraten.
- Blumenkohl putzen, in Röschen schneiden. Auch den Strunk, in Stücke geschnitten, mitverwenden.
- Blumenkohl mit den Zwiebeln kurz mitbraten, dann Gemüsebrühe angießen.
- 15 Min. köcheln lassen, bis der Blumenkohl gar ist.
- Einige schöne Blumenkohlröschen herausnehmen und beiseitestellen.
- Mit dem Mixstab die Suppe pürieren und mit den restlichen Zutaten abschmecken.
- Die ganz belassenen Blumenkohlröschen dazugeben, die Suppe kurz aufkochen und servieren.
- Nach Wunsch mit gehackter Petersilie garnieren.

Bärlauch-Creme-Suppe

Suppen – herzhaft und fein

Zutaten:

* 1 Zwiebel
* 2 EL Margarine
* 1 l Reismilch
* 20 g Maisstärke
* 2 EL gekörnte Gemüsebrühe
* 1/2 Glas Bärlauchsauce oder
  1 Handvoll frische Bärlauchblätter
* Pfeffer, Salz
* iBi-pur (nach Wunsch)

Zubereitung:

* Zwiebeln schälen, würfeln und in der Margarine 1 Min. andünsten.
* Maisstärke in 1/2 Tasse Reismilch auflösen.
* Den großen Teil der Reismilch zu den Zwiebeln gießen und aufkochen.
* Die Maisstärke und die gekörnte Gemüsebrühe dazugeben, aufkochen und 3 Min. leicht köcheln lassen.
* Die Bärlauchsauce oder die gehackten Bärlauchblätter dazugeben und gut einrühren.
* Mit Pfeffer und Salz abschmecken und servieren.
* Falls möglich, mit frischen Bärlauchblättern dekorieren und nach Wunsch mit einem Klecks iBi verfeinern.

Griechische Linsensuppe mit Spinat

Zutaten:

* 1 Knoblauchzehe
* 2 Zwiebeln
* 4 EL Olivenöl
* 1 Karotte
* 50 g Sellerie
* 4 EL gekörnte Gemüsebrühe
* 2 TL Rosmarin
* 1 Lorbeerblatt
* 200 g kleine braune Linsen
* 500 g Tomaten
* 500 g Spinat (frisch oder tiefgefroren)
* 3 EL Balsamico-Essig
* Salz, Pfeffer

Zubereitung:

* Zwiebeln und Knoblauchzehe schälen, kleinhacken und im Suppentopf im Olivenöl 1 Min. anbraten.
* Karotte und Sellerie putzen, in kleine Würfel schneiden und 2 Min. mitbraten.
* Lorbeerblatt, Rosmarin und gewaschene Linsen dazugeben und umrühren.
* 1/2 Liter Wasser angießen und mit der gekörnten Gemüsebrühe würzen.
* Aufkochen und ca. 20 Min. köcheln lassen, bis die Linsen gar sind (je nach Sorte unterschiedlich).
* Kleingeschnittene Tomaten und den Spinat dazugeben, aufkochen und 5 Min. köcheln lassen.
* Vor dem Servieren die Linsensuppe mit Balsamico-Essig, Pfeffer und Salz abschmecken.

Suppe „Pasta Fagioli“ (Bohnensuppe mit Nudeln)

Suppen - herzhaft und fein

Zutaten:

* 2 Zwiebeln
* 1 EL Olivenöl
* 1 Karotte
* 2 Kartoffeln
* 1 Stück Lauch
* 1 Stück Stangensellerie oder Seelerie
* 1/2 l Wasser
* Gekörnte Gemüsebrühe
* 300 g Bohnen (frisch oder aus dem Glas)
* Pfeffer, Salz
* 50 g Bandnudeln
* Frische Kräuter oder 1 TL Pesto

Zubereitung:

* 1 Zwiebel kleinhacken und in Olivenöl 1 Min. anbraten.
* Karotte, Kartoffeln, 1 Zwiebel, Lauch und Sellerie putzen, in große Stücke schneiden und 2 Min. mitbraten.
* Wasser angießen und mit der gekörnten Gemüsebrühe würzen.
* Bohnen dazugeben und ca. 20 - 30 Min. garkochen (Bohnen aus dem Glas oder aus der Dose erst am Schluß dazugeben).
* Ein paar Eßlöffel ganze Bohnen herausnehmen, und beiseitestellen. Dann alles mit dem Mixstab pürieren. Mit Salz und Pfeffer abschmecken.
* Bandnudeln zerbrechen und in der pürierten Suppe ca. 5 - 8 Min. garkochen.
* Ganze Bohnen wieder hineingeben. Mit gehackten Kräutern und Olivenöl oder einem Löffel Pesto verfeinern.

Variante:

Wer möchte, kann auch ein halbes Glas fertige Tomatensauce oder geschälte Tomaten dazugeben - kurz vor dem Pürieren.

Kichererbsensuppe

Zutaten:

* 1 Zwiebel
* 2 Knoblauchzehen
* 1 Zucchini
* 1 rote Paprika
* 4 EL Öl
* 1 Glas/Dose Kichererbsen
* 2 TL rote Currypaste oder Currypulver
* 1 l Wasser
* 2 EL gekörnte Gemüsebrühe
* Pfeffer, Salz
* Petersilie, Limette oder Zitrone

Zubereitung:

* Zwiebel und Knoblauch schälen und würfeln.
* Zucchini und Paprika putzen und würfeln.
* In einem großen Topf das Öl erhitzen und darin Zwiebeln, Knoblauch, Zucchini und Paprika 2 Min. anbraten.
* Abgespülte und abgetropfte Kichererbsen dazugeben.
* Curry darüberstreuen und alles zusammen 1 Min. braten.
* Wasser angießen und mit gekörnter Gemüsebrühe würzen.
* 15 Min. bei schwacher Hitze garen.
* Mit Pfeffer und Salz abschmecken, nach Wunsch mit Petersilie und Limettenscheiben garniert servieren.

Indische Linsensuppe mit Mango

Zutaten:

* 2 Zwiebeln
* 2 Knoblauchzehen
* 1 daumengroßes Stück frischer Ingwer
* 4 EL Margarine
* 4 TL Currypulver
* 200 g kleine schwarze Linsen
* 1 l Wasser
* 3 TL Zitronensaft
* 2 EL gekörnte Gemüsebrühe
* 3 Tomaten
* Pfeffer, Salz
* 1 kleine Mango (oder Banane)
* Minzeblättchen zum Garnieren

Zubereitung:

* Zwiebeln, Knoblauchzehen und Ingwer schälen, kleinhacken und im Suppentopf in Margarine 2 Min. anbraten.
* Currypulver dazugeben und 1 Min. mitbraten.
* Gewaschene Linsen dazugeben und verrühren.
* Wasser und Zitronensaft angießen und mit der gekörnten Gemüsebrühe würzen.
* Aufkochen und ca. 20 Min. köcheln lassen, bis die Linsen gar sind (je nach Sorte unterschiedlich).
* Kleingeschnittene Tomaten dazugeben, aufkochen und 5 Min. köcheln. Mit Pfeffer und Salz abschmecken.
* Mango schälen, Fruchtfleisch vom Stein lösen, in Stücke schneiden und in die Suppe geben.
* Mit Minzeblättchen bestreut servieren.

Variante:

Sie können die Mango auch durch 1 in Stücke geschnittene Banane ersetzen.

Spinat-Kräuter-Suppe

Zutaten:

* 2 Zwiebeln
* 1 Knoblauchzehe
* 1 EL Olivenöl
* 300 g Blattspinat (frisch oder tiefgefroren)
* 500 ml Wasser
* 2 EL gekörnte Gemüsebrühe
* 4 EL Mandelplättchen
* Petersilie
* Basilikum (frische Blätter oder getrocknet)
* 4 EL iBi-Kräuter
* 2 EL Zitronensaft
* Pfeffer, Salz
* Muskat

Zubereitung:

* Zwiebeln und Knoblauchzehe schälen, fein hacken und im Olivenöl 1 Min. andünsten.
* Spinat zufügen.
* Wasser angießen und mit gekörnter Gemüsebrühe würzen, aufkochen und 8 Min. köcheln lassen.
* Mandelplättchen ohne Ölzugabe in der Bratpfanne rösten.
* Kräuter waschen, grob schneiden und zusammen mit iBi-Kräuter und Zitronensaft zum Spinat geben.
* Mit Mixstab fein pürieren und mit Pfeffer, Salz und Muskat abschmecken.
* Mit Kräuterblättchen und Mandelplättchen garniert servieren.

Bärlauch-Spaghetti

Leckere Schnellgerichte

Zutaten:

* 500 g Spaghetti
* Salz
* 1 Glas Bärlauchsauce (180 g)
* 8 kleine Blätter frischer Bärlauch (im Frühling)

Zubereitung:

* Spaghetti in reichlich Salzwasser „al dente“ kochen.
* Bärlauchsauce in kleine Schale geben und mit derselben Menge Spaghetti-Kochwasser verrühren.
* Abgetropfte Spaghetti wieder in den leeren Kochtopf zurückschütten und gut mit der Bärlauchmischung vermengen.
* Sofort auf vorgewärmten Tellern servieren.
* Im Frühling die Teller mit frischen Bärlauchblättern dekorieren.

Gebratene Nudeln mit Gemüse

Zutaten:

* 4 EL Brat-Öl
* 8 - 10 geschnittene Shiitakepilze
* eine Stange Lauch, geschnitten
* 250g Sojasprossen
* 4 Portionen vorgekochte Spaghetti
* 2 - 4 EL Soja-Sauce (nach Geschmack)
* 2 EL Sesamöl
* Salz
* Pfeffer

Zubereitung:

* Wok oder Bratpfanne gut vorheizen, Öl hineingeben.

* Die Pilze und den Lauch putzen, kleinschneiden und im Öl anbraten.

* Dann die Sojasprossen und vorgekochten Nudeln dazugeben und unter ständigem Wenden weiterbraten.

* Mit Soja-Sauce, Sesamöl, Salz und Pfeffer geschmacklich abrunden und bei großer Hitze noch ca. 1 Minute fertigbraten.

梅酒
750ml

Spaghetti alla marinara

Zutaten:

* 500 g Spaghetti
* 2 Knoblauchzehen
* 4 EL Olivenöl
* 250 g schwarze Oliven ohne Stein
* 1 EL Kapern
* 300 g Tomatensauce oder geschälte Tomaten („Pelati“)
* Pfeffer, Salz
* Chili, Basilikum

Zubereitung:

* Spaghetti in Salzwasser „al dente“ kochen.
* Knoblauchzehen schälen, hacken und im Olivenöl 1 Min. andünsten.
* Oliven und Kapern dazugeben und 3 Min. mitdünsten.
* Tomatensauce oder geschälte Tomaten hinzufügen, mit Pfeffer und Salz abschmecken und kurz aufkochen.
* Spaghetti abtropfen lassen und in der Tomatensauce gut untermischen.
* Auf vorgewärmten, tiefen Tellern anrichten und mit frischem Basilikum bestreuen. Nach Belieben mit Chili nachwürzen.

Spaghetti mit Möhren und Oliven

Zutaten:

* 500 g Spaghetti
* 300 g Möhren
* 1 Bund Basilikum
* 3 EL Olivenöl
* 2 Knoblauchzehen
* 50 g schwarze Oliven ohne Stein
* Salz
* Pfeffer (am besten aus der Mühle)

Zubereitung:

* Spaghetti in Salzwasser „al dente" kochen.
* Möhren putzen, waschen und mit dem Sparschäler in lange, dünne Scheiben schneiden.
* Basilikum abbrausen, trockenschütteln, die Blättchen von den Stielen zupfen und in Streifen schneiden.
* Öl in einer Pfanne erhitzen und die Möhren darin bei schwacher Hitze in der geschlossenen Pfanne ca. 5 Min. garen. Zwischendurch umrühren.
* Gehackten Knoblauch, Oliven und Basilikum dazugeben und mit Salz und Pfeffer würzen.
* Spaghetti abgießen, gut abtropfen lassen und mit den Möhren mischen. Sofort auf vorgewärmten Tellern servieren.

Tagliatelle mit Radicchio

Zutaten:

* 2 mittelgroße Zwiebeln
* 500 g Tagliatelle (vorzugsweise Frischnudeln ohne Ei)
* 2 Knoblauchzehen
* 300 g Radicchio-Salat
* 1 Apfel
* 150 ml Weißwein
* 100 ml Wasser
* 5 TL iBi-hot
* 3 TL gekörnte Gemüsebrühe

Zubereitung:

* Zwiebeln, Knoblauch, Radicchio und Apfel kleinschneiden und im Olivenöl anbraten.

* Dabei beachten: Damit die Temperatur nicht zu stark abfällt, alles nach und nach hinzufügen.

* Ca. 10 Minuten braten, bis der Radicchio dunkel ist.

* Währenddessen die Tagliatelle im Salzwasser bißfest kochen.

* Dem Radicchio Weißwein, Wasser, iBi und gekörnte Gemüsebrühe hinzugeben und gut einrühren.

* Die abgetropften Tagliatelle mit dem gebratenen Radicchio auf vorgewärmten Tellern anrichten und sofort servieren.

* Hervorragend dazu: ein trockener Weißwein und ein frischer Salat.

Tagliatelle mit Paprika-Auberginen-Gemüse

Zutaten:

* 3 rote oder grüne Paprika
* 2 Auberginen
* 500g Tomaten
* 1 Zwiebel
* 2 Knoblauchzehen
* 300g Tagliatelle
* Gekörnte Gemüsebrühe
* Salz, frischgemahlener Pfeffer
* 6 EL Olivenöl
* „Kräuter der Provence“ als Gewürzmischung
* 1/2 Bund Petersilie, gehackt zum Garnieren

Zubereitung

* Das Gemüse putzen. Paprika, Auberginen, Tomaten und die Zwiebel in mundgerechte Stücke, den Knoblauch in feine Scheiben schneiden.
* In einem großen Topf 3 Liter Wasser zum Kochen bringen, 6 gehäufte Teelöffel Salz einrühren. Die Tagliatelle zugeben und nach Packungsanleitung kochen.
* Das Olivenöl in der Pfanne erhitzen, die Zwiebeln und Knoblauchscheiben darin ca. 2 Min. glasig dünsten.
* Auberginenstücke und Pfeffer hinzufügen und bei starker Hitze 3 - 4 Min. gut durchbraten, dabei häufig wenden. Die Paprika dazugeben und weitere 2 Min. unter ständigem Rühren mitbraten.
* Mit 1/4 Liter Wasser angießen, 3 gehäufte Teelöffel gekörnte Gemüsebrühe und 1 Teelöffel Kräuter der Provence unterrühren, mit Salz und Pfeffer abschmekken. Das Ganze 5 - 10 Min. garen, dabei nach Bedarf etwas Wasser nachgießen. Die Tomaten unterheben und noch 2 Min. mitgaren.
* Die inzwischen fertigen Tagliatelle abgießen, mit dem Gemüse auf vorgewärmten Tellern anrichten und mit gehackter Petersilie garnieren.

Penne mit Brechbohnen und Tomatensalsa

Zutaten:

* 500 g Penne (kurze Makkaroni)
* Salz
* 200 g Brechbohnen
* 70 g Walnüsse
* 6 Tomaten
* 2 Knoblauchzehen
* 1 rote Chilischote
* Pfeffer aus der Mühle
* Saft von 2 Zitronen
* 1/2 Bund Kerbel

Zubereitung:

* Die Nudeln in einem großen Topf in reichlich Salzwasser „al dente" kochen. Abgießen und unter kaltem Wasser abschrecken. Gut abtropfen lassen und in eine Schüssel geben.

* Brechbohnen waschen, putzen und in Stücke schneiden. Die Bohnen 5 Min. in kochendem Salzwasser kochen. Abgießen und unter die Nudeln mischen.

* Walnüsse grob hacken. In einer Pfanne ohne Öl bei mittlerer Temperatur 2 bis 3 Min. anrösten, warmstellen.

* Für die Salsa die Tomaten waschen und halbieren. Knoblauch pellen, Chilischote aufschlitzen und die weißen Kernchen entfernen. Tomaten, Knoblauch und Chili im Mixer feinhacken. Mit Salz und Pfeffer abschmecken.

* Vor dem Servieren die Nudeln mit den warmen Walnüssen, der Salsa und dem Zitronensaft mischen und kurz darin aufkochen. Auf vorgewärmten Tellern anrichten und mit Kerbelblättchen garnieren.

Reispfanne mit Spargel

Zutaten:

* 300 g Langkorn- oder Basmati-Reis
* 1,5 l Wasser
* 2 TL Salz
* 1/2 TL Safran oder Kurkuma (Gelbwurz)
* 500 g grüner Spargel
* 300 g Karotten
* 1 Zwiebel
* 1 Knoblauchzehe
* 4 EL Olivenöl
* 100 ml Wasser
* 1 TL gekörnte Gemüsebrühe
* Salz und Pfeffer zum Würzen

Zubereitung:

* Reis mit 1,5 l Wasser, 2 TL Salz und Safran ca. 20 - 25 Min. „al dente“ kochen.

* Spargel und Karotten quer in Stifte oder Scheiben schneiden und ca. 10 Min. in kochendem Salzwasser garen (Gemüse sollte noch bißfest sein).

* Zwiebel hacken, Knoblauch in feine Scheiben schneiden und im Olivenöl anbraten.

* 100 ml Wasser und gekörnte Gemüsebrühe hinzugeben und aufkochen lassen.

* Reis und Gemüse hinzufügen und gut vermengen.

* Mit Salz und Pfeffer abschmecken.

Crêpes mit Pilzen

Zutaten:

für den Crêpes-Teig

* 75 g helles Weizenmehl
* 75 g feines Maismehl
* 220 ml kohlensäurehaltiges Mineralwasser
* 1 Prise Salz

für die Füllung

* 300 g Pilze, z.B. Shiitake
* 300 g Zwiebeln
* 2 Knoblauchzehen
* 8 EL Olivenöl
* 100 ml Weißwein
* 100 ml Wasser
* 4 TL iBi-Räuber
* 5 TL gekörnte Gemüsebrühe

Zubereitung:

* Zutaten des Crêpesteiges zu einem flüssigen Teig verrühren und 30 Min. quellen lassen.
* Zwiebeln und Knoblauchzehen kleinschneiden und im Olivenöl 2 Min. braten.
* Pilze dazugeben und weitere 5 Minuten braten.
* Weißwein, Wasser, iBi und gekörnte Gemüsebrühe zusammen verrühren und dazugeben.
* Kurz aufkochen lassen, dann warm stellen, bis die Crêpes fertig sind.
* Große Bratpfanne mit Antihaftbeschichtung auf zweithöchster Heizstufe des Herdes vorheizen.
* Etwas Öl mit einem Küchenpapier darin verreiben (kein schwimmendes Öl).
* Crêpesteig mit Saucenlöffel in die Pfanne geben und durch Drehen und Schräghalten der Pfanne hauchdünn auseinanderfließen lassen.
* Sobald eine Seite goldgelb ausgebacken ist, wenden und fertigbacken.
* Crêpes auf Teller legen, Füllung darauf verteilen, die Crêpes einschlagen und garnieren.
* Crêpes schmecken am besten ganz frisch, also: Während Ihre Gäste schon die Crêpes genießen, sollte in der Küche fleißig weitergebraten werden.

Wirsingpfanne mit Pilzen

Zutaten:

* 100 g Shiitake-Pilze
* 8 EL Öl
* 2 Zwiebeln
* 2 Knoblauchzehen
* 700 g Wirsing
* 5 TL gekörnte Gemüsebrühe
* 100 ml Weißwein
* 150 ml Wasser
* 3 TL iBi-hot
* Mandelplättchen
* Pfeffer, Salz

Zubereitung:

* Pilze würfeln und im Öl 3 Min. scharf anbraten.
* Zwiebeln und Knoblauch würfeln und 2 Min. mitbraten.
* Wirsing kleinschneiden und 4 Min. mitbraten.
* Gekörnte Gemüsebrühe darübergeben und mit Wein und Wasser ablöschen.
* Zugedeckt ca. 15 Min. garen lassen.
* iBi einrühren, mit Pfeffer und Salz abschmecken.
* Vor dem Servieren mit Mandelplättchen überstreuen.

Couscous mit Auberginen & Zucchini

Zutaten:

* 250 g Auberginen
* 250 g Zucchini
* 200 g Tomaten
* 1 rote Paprika
* 2 Zwiebeln
* 2 Knoblauchzehen
* 4 EL Olivenöl
* 1 große Tasse Couscous
* 2 große Tassen Wasser
* 1 EL gekörnte Gemüsebrühe
* Pfeffer, Salz
* Chilisauce, nach Wunsch dazu servieren

Zubereitung:

* Auberginen putzen, in Stücke schneiden und mit viel Salz überstreut in einer Schüssel 15 Min. ziehen lassen. Dann Salz gründlich abspülen und Auberginenstücke mit Küchenpapier trockentupfen.

* Zucchini, Paprika und Tomaten putzen. Zucchini in Scheiben schneiden, Paprika und Tomaten würfeln.

* Zwiebeln und Knoblauch schälen und grob schneiden.

* Olivenöl in einer großen Pfanne erhitzen, Zwiebeln und Knoblauch 1 Min. darin anbraten, dann restliches Gemüse dazugeben und 10 Min. unter ständigem Rühren mitbraten.

* Couscous, Wasser und gekörnte Gemüsebrühe dazugeben, alles gut vermischen und aufkochen.

* Pfanne zudecken, vom Herd nehmen und Couscous ohne Hitze ca. 8 Min. quellen lassen.

* Mit einer Gabel alles auflockern und sofort servieren.

* Nach Belieben mit Chili würzen.

Couscous mit Bohnen & Paprika

Zutaten:

* 500 g Bohnen
* 2 rote Paprika
* 2 Zwiebeln
* 2 Knoblauchzehen
* 4 EL Olivenöl
* 1 große Tasse Couscous
* 2 große Tassen Wasser
* 1 EL gekörnte Gemüsebrühe
* Pfeffer, Salz

Zubereitung:

* Bohnen putzen und in Salzwasser 10 Min. garen.
* Zwiebeln und Knoblauch schälen und kleinhacken.
* Paprika putzen und in feine Streifen schneiden, dann mit Zwiebeln und Knoblauch im Olivenöl 1 Min. anbraten.
* Abgetropfte Bohnen in mundgerechte Stücke schneiden, dazugeben und 3 Min. mitbraten.
* Couscous, Wasser und gekörnte Gemüsebrühe dazugeben, alles gut vermischen, aufkochen.
* Pfanne zudecken, vom Herd nehmen und Couscous ohne Hitze ca. 8 Min. quellen lassen.
* Mit einer Gabel alles auflockern und sofort servieren.

Blätterteig mit Spinat-Pilz-Füllung

Zutaten:

* 2 Zwiebeln
* 200 g Pilze (Shiitake)
* 200 g Blattspinat (frisch oder tiefgefroren)
* 4 EL Olivenöl
* 2 EL Maisstärke
* 3 TL gekörnte Gemüsebrühe
* Pfeffer
* 1 Packung fertig ausgerollter Blätterteig

Zubereitung:

* Zwiebeln schälen und hacken, Pilze putzen und grob schneiden.
* Bratpfanne zunächst ohne Öl gut erhitzen, dann Olivenöl hineingeben und die Pilze 3 Min. anbraten.
* Zwiebeln hinzufügen und 3 Min. mitbraten.
* Spinat dazugeben und mitbraten, bis er gar ist.
* Mit gekörnter Gemüsebrühe abschmecken.
* Ausgerollten Blätterteig mit dem Teigrädchen in 8 Stücke teilen und diese getrennt auf ein mit Backpapier ausgelegtes Blech legen. Die Füllung auf die einzelnen Teigstücke verteilen.
* Im vorgeheizten Backofen bei 200° C (180° C Umluft) ca. 25 Min. goldbraun backen und noch warm servieren.

Kartoffel-Gemüse-Pfanne

Herzhaft und gut

Zutaten:

* 750 g festkochende Pellkartoffeln, frisch oder vom Vortag (Zubereitung S. 14)
* 2 Zwiebeln
* 1 Knoblauchzehe
* 6 EL Olivenöl
* 1 Aubergine
* 1 Zucchini
* je 1 rote und grüne Paprikasschote
* 400 ml Weißwein
* 5 TL gekörnte Gemüsebrühe
* Salz, Pfeffer
* frische Kräuter, gehackt
* 100 g Oliven

Zubereitung:

* Zwiebeln und Knoblauch schälen, grob schneiden und 2 Min. in Olivenöl anbraten.

* Auberginen, Zucchini und Paprika putzen, kleinschneiden, dazugeben und weitere 5 Min. braten.

* Pellkartoffeln schälen, in Scheiben schneiden und 5 Min. mitbraten.

* Mit Weißwein ablöschen und mit gekörnter Gemüsebrühe, Salz und Pfeffer abschmecken.

* Alles zusammen 10 Min. köcheln, bis das Gemüse gar ist. Kräuter und Oliven hinzufügen und servieren.

Kartoffel-Sauerkraut-Gratin

Herzhaft und gut

Zutaten:

für den Inhalt:

* 600 g festkochende Pellkartoffeln, frisch oder vom Vortag (Zubereitung S. 14)
* 300 g Sauerkraut
* 3 mittelgroße Zwiebeln
* 1 Knoblauchzehe

für den Guß:

* 180 g iBi-Räuber (1 Glas)
* 200 ml Weißwein
* 2 TL gekörnte Gemüsebrühe
* Pfeffer, Salz
* Olivenöl

Zubereitung:

* Pellkartoffeln schälen und in ca. 6 mm dicke Scheiben schneiden.
* Zwiebeln schälen und in Spalten schneiden, Knoblauch pellen und hacken.
* Kartoffeln, Zwiebeln, Sauerkraut und Knoblauch in eine Gratin-Form schichten.
* iBi, Weißwein, gekörnte Gemüsebrühe, Pfeffer und Salz gut verrühren und darübergießen.
* Im vorgeheizten Ofen bei 250° C ca. 20 Minuten überbacken.
* Mit Olivenöl beträufeln und servieren.

Serviervorschlag:

Fein dazu: Feldsalat mit Tomaten.

Kartoffelgratin mit Sauerampfer

Herzhaft und gut

Zutaten:

für den Inhalt:

* 600 g festkochende Pellkartoffeln, frisch oder vom Vortag (Zubereitung S. 14)
* 300 g Karotten
* 3 mittelgroße Zwiebeln
* 125 g Sauerampfer

für den Guß:

* 180 g iBi-Kräuter (1 Glas)
* 200 ml Weißwein
* 200 ml Wasser
* 3 TL gekörnte Gemüsebrühe

Zubereitung:

* Pellkartoffeln schälen und in ca. 6 mm dicke Scheiben schneiden.

* Karotten schneiden und in feine Scheiben schneiden.

* Zwiebeln schälen und in feine Ringe schneiden.

* Sauerampfer in ca. 2 cm breite Blattstücke schneiden. Einige Blätter für die Dekoration ganz lassen und beiseitestellen.

* iBi-Kräuter, Weißwein, Wasser und gekörnte Gemüsebrühe in einer großen Salatschüssel zu einem glatten Guß vermischen.

* Gemüse dazugeben und mit dem Guß gut vermengen.

* In Gratinschale füllen und im vorgeheizten Ofen bei 250° C ca. 20 Minuten überbacken.

* Mit Olivenöl beträufeln, nach Wunsch mit rohen Sauerampferblättern garnieren und servieren.

Variante:

Lecker auch kalt als Salat - einfach aufs Überbacken verzichten.

Blumenkohl-Gratin

Herzhaft und gut

Zutaten:

* 1 Blumenkohl
* 1 Zwiebel
* 2 EL Margarine
* 4 EL Maisstärke (40 g)
* 1 l Reismilch
* 2 EL gekörnte Gemüsebrühe
* Pfeffer, Salz
* Muskatnuß
* Mandelplättchen

Zubereitung:

* Blumenkohl putzen und in größere Röschen teilen.
* In Salzwasser ca. 10 Min. kochen, so daß der Blumenkohl noch bißfest bleibt.
* Zwiebel schälen, kleinhacken und 1 Min. in Margarine braten.
* Maisstärke in 1/2 Tasse Reismilch auflösen.
* Mit der restlichen Reismilch die Zwiebeln ablöschen, aufkochen und mit gekörnter Gemüsebrühe, Muskatnuß, Pfeffer und Salz abschmecken.
* Die aufgelöste Maisstärke dazugeben und zu einer dicken Bechamelsauce gut verrühren.
* Blumenkohlröschen in eine Gratinform geben und mit der Bechamelsauce übergießen.
* Im vorgeheizten Ofen bei 200° C (180° C Umluft) ca. 20 Min. überbacken.
* Vor dem Servieren mit Mandelplättchen bestreuen.

Serviervorschlag:

Zu Salzkartoffeln oder Pellkartoffeln reichen.

Gratin mit Spargel und roten Linsen

Herzhaft und gut

Zutaten:

für den Inhalt:

* 400 g festkochende Pellkartoffeln, frisch oder vom Vortag (Zubereitung S. 14)
* 500 g grüner Spargel
* 100 g rote Linsen + 250 ml Wasser
* 2 TL gekörnte Gemüsebrühe
* Salz

für den Guß:

* 100 ml Weißwein
* 300 ml Hafer- oder Reismilch
* 4 EL Weißmehl
* 2 EL Olivenöl
* 5 TL gekörnte Gemüsebrühe
* Muskat

Zubereitung:

* Pellkartoffeln schälen und in ca. 6 mm dicke Scheiben schneiden.
* Grünen Spargel waschen, die Enden großzügig abschneiden und ca. 8 Min. in Salzwasser garkochen.
* 250 ml Wasser aufkochen, 2 TL gekörnte Gemüsebrühe hinzufügen, die roten Linsen einstreuen und ca. 4 Min. auf kleiner Flamme garen.
* Pellkartoffeln, Spargel und Linsen in Gratinform(en) einschichten.
* Zutaten für den Guß miteinander verrühren, darübergießen und im vorgeheizten Ofen bei 250° C ca. 20 Min. überbacken.
* Mit Olivenöl beträufeln und servieren.

Variante:

Lecker auch kalt als Salat - einfach aufs Überbacken verzichten.

Schupfnudeln mit Ananas-Sauerkraut

Herzhaft und gut

Zutaten:

* 750 g frisch gekochte Pellkartoffeln, mehlig kochend (Zubereitung Seite 14)
* 250 g helles Weizenmehl
* 2 TL Salz
* Muskatnuß
* 100 g Margarine zum Ausbraten der Schupfnudeln
* 500 g Sauerkraut
* 2 EL Öl
* Wacholderbeeren
* 1 Lorbeerblatt
* 1 kleine Dose Ananasstücke (ca. 200 g)

Zubereitung:

* Pellkartoffeln noch warm schälen und durch die Kartoffelpresse in eine große Teigschüssel drücken.
* Mit Mehl, Salz und Muskatnuß vermengen und zu einem festen Teig kneten (evtl. eßlöffelweise Wasser dazugeben) und 15 Min. ruhen lassen.
* Sauerkraut im Öl mit Wacholderbeeren und Lorbeerblatt ca. 20 Min. garen. Die Ananasstücke zum Schluß dazugeben und 2 Min. mitköcheln lassen.
* Den Teig mit nassen Händen zu einer Rolle formen, mit dem Messer Stücke abschneiden und zwischen den Händen zu Schupfnudeln formen.
* In leicht köchelndes Salzwasser vorsichtig hineingeben. Sobald die Schupfnudeln aufsteigen, noch weitere 2 Min. garen.
* Abtropfen lassen und in der Pfanne mit Margarine knusprig braun backen.
* Das Sauerkraut zu den Schupfnudeln in die Pfanne geben, vorsichtig vermengen und servieren.

Mangold-Apfel-Pfanne mit Reis

Herzhaft und gut

Zutaten:

* 200 g Reis
* 1 Zwiebel
* 6 EL Olivenöl
* 500 g Mangold
* 2 Äpfel
* 1 TL Currypulver
* 300 ml Apfelsaft
* 2 EL gekörnte Gemüsebrühe
* Pfeffer, Salz

Zubereitung:

* Reis in Salzwasser körnig kochen.

* Zwiebel schälen, hacken und 1 Min. in Olivenöl braten. Mangold putzen, in mundgerechte Stücke schneiden und 4 Min. mitbraten.

* Äpfel waschen, Kerngehäuse entfernen, in mundgerechte Stücke schneiden und zusammen mit dem Currypulver zu dem Mangold geben und weitere 2 Min. braten.

* Apfelsaft und gekörnte Gemüsebrühe dazugeben und zugedeckt ca. 10 Min. garen lassen. Eventuell etwas Wasser nachgießen.

* Mit Salz und Pfeffer abschmecken und mit dem körnig gekochten Reis anrichten.

Broccoli-Kartoffel-Auflauf mit Orangensauce

Herzhaft und gut

Zutaten:

* 600 g festkochende Pellkartoffeln, frisch oder vom Vortag (Zubereitung S. 14)
* 300 g Broccoli
* 300 ml frischer Orangensaft (ca. 3 Orangen)
* 1 Zwiebel
* 2 EL Olivenöl
* 1 Glas iBi-pur
* Mandelplättchen
* 3 EL gekörnte Gemüsebrühe
* Pfeffer, Salz

Zubereitung:

* Broccoli in Röschen schneiden und in Salzwasser ca. 10 Min. garen.
* Orangen auspressen.
* Kleingehackte Zwiebel im Olivenöl 1 Min. andünsten.
* Mit Orangensaft ablöschen, iBi einrühren und aufkochen.
* Gekörnte Gemüsebrühe dazugeben und mit Pfeffer und Salz herzhaft abschmecken.
* Pellkartoffeln schälen, in Scheiben schneiden und mit den Broccoliröschen in eine Gratinform schichten.
* Die Orangensauce darübergießen und 20 Min. bei 240° C (220° C Umluft) im Ofen überbacken.

Kohlrabigemüse mit Salzkartoffeln

Herzhaft und gut

Zutaten:

* 600 g Kartoffeln
* 600 g Kohlrabi
* 1 Zwiebel
* 4 EL Olivenöl
* 150 ml Weißwein
* 150 ml Wasser
* 1 Glas iBi-Kräuter
* 2 TL gekörnte Gemüsebrühe
* Salz und Pfeffer
* Petersilie

Zubereitung:

* Kartoffeln schälen, würfeln und im Salzwasser garen.
* Kohlrabi schälen und würfeln.
* Zwiebel schälen, hacken und im Olivenöl 1 Min. braten.
* Kohlrabi dazugeben und 5 Min. mitbraten.
* Mit Weißwein und Wasser ablöschen, aufkochen und ca. 10 Min. zugedeckt garen.
* iBi-Kräuter und gekörnte Gemüsebrühe einrühren und mit Salz und Pfeffer abschmecken.
* Zusammen mit den Salzkartoffeln auf Tellern anrichten und mit gehackter Petersilie bestreuen.

Gemüseeintopf mit weißen Bohnen und Reis

Herzhaft und gut

Zutaten:

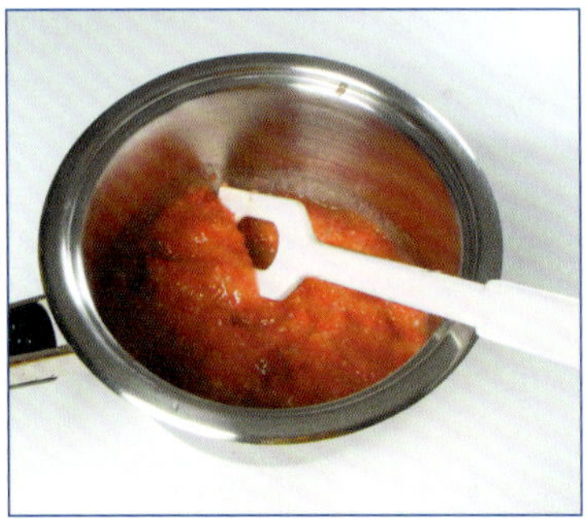

* Je 1 rote und gelbe Paprikaschote
* 4 Stiele Staudensellerie
* 2 Zwiebeln
* 1 - 2 Knoblauchzehen
* 5 EL Olivenöl
* 125 g Reis (vorzugsweise Risottoreis)
* 1 1/4 l Gemüsebrühe (aus gekörnter Gemüsebrühe)
* 1 kleine Dose (240 g) weiße Bohnen
* 4 Tomaten
* Salz, Pfeffer aus der Mühle
* 1 EL feingeschnittener Kräuter (z.B. Petersilie oder Basilikum)

Zubereitung:

* Paprikaschoten vierteln, putzen, abspülen und kleinschneiden. Sellerie abspülen, putzen und fein schneiden. Zwiebeln und Knoblauch pellen und würfeln. 4 EL Olivenöl in einem Topf erhitzen. Zwiebeln und Knoblauch darin 5 Min. glasig dünsten. Paprika und Reis hinzufügen und 3 Min. dünsten. Den Reis dazugeben und 1 Min. mitdünsten. Gemüsebrühe angießen und aufkochen.

* Bohnen auf ein Sieb geben, kalt abbrausen und in den Topf geben. Zugedeckt 30 Min. garen, dabei ab und zu umrühren.

* Tomaten abspülen und kleinschneiden. Restliches Olivenöl erhitzen und die Tomaten darin kurz andünsten. Mit etwas Salz und Pfeffer würzen.

* Eintopf mit Salz und Pfeffer abschmecken, die Tomaten untermischen und, mit Kräutern bestreut, servieren.

Tip:

Dazu Chili-Sauce anbieten.

Wirsing mit Kichererbsen und „Rahm"-Pilzen

Herzhaft und gut

Zutaten:

* 1 kleiner Wirsing
* 3 EL Margarine
* 250 g Pilze (Shiitake)
* 2 Zwiebeln
* 250 ml Wasser
* 2 TL gekörnte Gemüsebrühe
* 6 EL iBi-pur
* Salz, Pfeffer
* Petersilie
* 1 Glas / Dose Kichererbsen
* 1 TL Kümmel (ganz oder gemahlen)

Zubereitung:

* Vom Wirsing die äußeren Blätter entfernen, den Wirsing waschen, halbieren und in Spalten schneiden.
* In 1 EL Margarine anbraten und zugedeckt 10 Min. bei schwacher Hitze dünsten.
* Pilze putzen und in Scheiben schneiden.
* Zwiebeln schälen, würfeln und 1 Min. in 1 EL Margarine anbraten.
* Pilze dazugeben und 4 Min. mitbraten.
* Mit Wasser ablöschen und gekörnte Gemüsebrühe dazugeben.
* Abgespülte, abgetropfte Kichererbsen und den Kümmel dazugeben.
* Mit Salz und Pfeffer abschmecken und kleingehackte Petersilie untermischen.
* Alles zusammen anrichten.

Hausgemachte Gnocchi mit Salbei

Zutaten:

* 750 g frisch gekochte Pellkartoffeln, mehlig kochend (Zubereitung S. 14)
* 250 g helles Weizenmehl
* 2 TL Salz
* Muskatnuß
* 100 g Margarine zum Ausbraten der Gnocchi
* 10 frische Salbeiblätter
* Salz
* 1 Glas fertige Tomatensauce

Zubereitung:

* Pellkartoffeln noch warm schälen und durch die Kartoffelpresse in eine große Teigschüssel drücken.
* Mit Mehl, Salz und Muskatnuß vermengen und zu einem festen Teig kneten (evtl. eßlöffelweise Wasser dazugeben) und 15 Min. ruhen lassen.
* Mit nassen Händen den Teig zu einer Rolle formen, mit dem Messer Stücke abschneiden.
* In leicht köchelndes Salzwasser vorsichtig hineingeben. Sobald die Gnocchi aufsteigen, noch weitere 2 Min. garen.
* Die Tomatensauce in einem Topf erhitzen.
* In einer großen Pfanne die Margarine erhitzen, Salz und frische Salbeiblätter dazugeben.
* Darin die abgetropften Gnocchi kurz schwenken und mit der Tomatensauce sofort auf vorgewärmten Tellern servieren.

Tip:

Gnocchi mit Salbeiblättern schmecken vorzüglich auch ohne Tomatensauce!

Zucchini im Bierteig mit Dip

Mediterrane Gerichte

Zutaten:

* 500 g Zucchini
* 200 g Pilze (Shiitake)
* Gekörnte Gemüsebrühe
* 150 g Mehl
* 240 ml Bier
* Frische Kräuter
* 1 Glas iBi-Kräuter
* 1 Glas iBi-naise
* 1 Handvoll frische Salbeiblätter
* Olivenöl
* 2 Zitronen (auch zum Garnieren)

Zubereitung:

* Zucchini putzen und längs in Scheiben schneiden.
* Shiitake-Pilze putzen und eventuell halbieren.
* Beide mit gekörnter Gemüsebrühe bestreuen und 10 Min. ziehen lassen.
* Für den Bierteig Mehl, 2 TL gekörnte Gemüsebrühe und Bier gut verrühren.
* Für den Dip die Kräuter feinhacken, mit iBi und iBi-naise gut verrühren.
* Zucchini, Pilze und Salbeiblätter durch den Bierteig ziehen und in reichlich heißem Olivenöl goldbraun braten.
* Mit Zitronensaft beträufeln und noch heiß und knusprig mit dem Dip servieren.

Hokkaido-Risotto

Zutaten:

* 500 g Hokkaido-Kürbis
* 1 Zwiebel
* 4 EL Olivenöl
* 1 Liter Wasser
* 5 geh. TL gekörnte Gemüsebrühe
* Pfeffer, Salz
* 200 g Risotto-Reis (Arborio, Vialone oder Ribe)
* Petersilie

Zubereitung:

* Hokkaido-Kürbis waschen (nicht schälen), vierteln, aushöhlen und in kleine Stücke schneiden.
* Kleingehackte Zwiebeln im Olivenöl anbraten.
* Hokkaido-Stückchen dazugeben und kurz mitbraten.
* Wasser und gekörnte Gemüsebrühe hinzufügen und die Hokkaidostückchen ca. 15 Min. weichkochen.
* Mit Mixstab pürieren.
* Reis dazugeben, würzen und unter ständigem Rühren ca. 20 Min. fertigkochen. Dabei nach Bedarf weitere Flüssigkeit hinzufügen (Wasser oder Gemüsebrühe).
* Mit gehackter Petersilie servieren.

Tomaten-Risotto mit Löwenzahn

Zutaten:

* 1 Zwiebel
* 2 Knoblauchzehen
* 4 EL Olivenöl
* 200 g Risotto-Reis (Arborio, Vialone oder Ribe)
* 250 ml trockener Weißwein
* 600 ml Wasser
* 3 geh. TL gekörnte Gemüsebrühe
* 4 Tomaten
* 125 g Löwenzahnblätter

Zubereitung:

* Zwiebeln und Knoblauch feinhacken und im Olivenöl anbraten.
* Reis kurz mitbraten, bis er glasig erscheint.
* Mit Weißwein ablöschen,
* Wasser und gekörnte Gemüsebrühe dazugeben und unter ständigem Rühren ca. 20 Min. köcheln lassen.
* Kleingeschnittene Tomaten und Löwenzahn hinzufügen und 3 Min. köcheln lassen.

Risotto mit Radicchio und Walnüssen

Zutaten:

- 1 Zwiebel
- 2 Knoblauchzehen
- 4 EL Olivenöl
- 200 g Risotto-Reis (Arborio, Vialone oder Ribe)
- 250 ml trockener Weißwein
- 600 ml Wasser
- 3 geh. TL gekörnte Gemüsebrühe
- 350 g Radicchio-Salat
- 50 g gehackte Walnüsse

Zubereitung:

- Zwiebeln und Knoblauch kleinhacken und im Olivenöl anbraten.
- Reis kurz mitbraten, bis er glasig erscheint.
- Mit Weißwein ablöschen.
- Wasser und gekörnte Gemüsebrühe dazugeben und unter ständigem Rühren ca. 20 Min. köcheln lassen.
- Kleingeschnittenen Radicchio und gehackte Nüsse hinzufügen und 3 Min. mitköcheln.

Serviervorschlag:

Dazu schmecken ein trockener Weißwein und ein erfrischender Salat.

Gebratene Zucchini mit Kräuterdip

Mediterrane Gerichte

Zutaten:

für den Kräuter-Dip:

* 4 EL gehackte, frische Kräuter (Petersilie, Kerbel, Basilikum, Dill ...)
* 2 mittelgroße Zwiebeln
* 1/2 Glas iBi-Kräuter
* 1/2 Glas iBi-naise
* Salz, Pfeffer

für die Zucchini:

* 750 g Zucchini
* 2 EL Mandelplättchen oder Kürbiskerne
* 4 EL Olivenöl
* Salz, Pfeffer

Zubereitung:

* Kräuter und Zwiebeln putzen und kleinschneiden,
* mit iBi und iBi-naise gut verrühren.
* Zucchini putzen und der Länge nach vierteln oder achteln, je nach Größe. Dann in ca. 4 cm lange Sücke schneiden.
* Mandelplättchen oder Kürbiskerne in 1 EL Olivenöl in einer Bratpfanne goldbraun rösten, dann zum Auskühlen auf einen Teller geben.
* Zucchini in 3 EL Olivenöl 3 Min. anbraten, mit Salz und Pfeffer würzen und Mandelplättchen oder Kürbiskerne darüberstreuen.
* Zusammen mit dem Kräuter-Dip auf Tellern anrichten.

Serviervorschlag:

Dazu passen am besten Kartoffeln.

ITALIA
IMBOTTIGLIATO DA
COSSANO BELBO

Ravioli mit Hokkaido-Walnuß-Sauce

Zutaten:

* 2 Zwiebeln
* 4 EL Olivenöl
* 1 kleiner Hokkaido-Kürbis
* 1/2 Apfel
* 4 TL gekörnte Gemüsebrühe
* 100 ml Weißwein
* 100 ml Wasser
* 1/2 Glas iBi-Simba
* 50 g grob gehackte Walnüsse
* 600 g frische Ravioli
* Pfeffer, Salz

Zubereitung:

* Gehackte Zwiebeln im Olivenöl 1 Min. anbraten.
* Kleingehackten Hokkaido-Kürbis dazugeben und 5 Min. mitbraten.
* Kleingehackten Apfel 1 Min. mitbraten.
* Mit gekörnter Gemüsebrühe überstreuen und mit Weißwein und Wasser ablöschen.
* Zugedeckt 10 Min. garen lassen.
* iBi-Simba und die Walnüsse einrühren.
* Mit Pfeffer und Salz abschmecken.
* Ravioli in leicht köchelndem Salzwasser ziehen lassen, bis sie gar sind.
* Ravioli mit der Hokkaido-Walnuß-Sauce anrichten.

Variante:

Die Hokkaido-Walnuß-Sauce schmeckt vorzüglich auch zu Kartoffeln, Reis und Nudeln, z.B. Tagliatelle.

Pizza vegan

Zutaten:

Für den Teig
* 400 g helles Weizen- oder Dinkelmehl
* Salz
* 1/2 Hefewürfel (20 g)
* 2 EL Olivenöl
* 250 ml Wasser

Für den Belag
* 170 g Tomatensauce (1/2 Glas)
* 1 kleiner Blumenkohl
* 2 Zwiebeln
* 100 g Pilze
* 1 rote Paprika
* 1 kleine Stange Lauch
* 1 Tomate
* 4 EL Olivenöl
* 1 EL gekörnte Gemüsebrühe
* 1 TL Oregano

Zubereitung:

* Für den Pizzateig sollten alle Zutaten Zimmertemperatur haben. Zutaten zuerst mit Rührlöffel, dann von Hand zu einem weichen Teig verkneten.
* Teig 1 Stunde zugedeckt an einem warmen Platz gehen lassen.
* Backpapier auf Backblech auslegen. Pizzateig vorsichtig ausrollen und auf Backblech ausbreiten.
* Tomatensauce dünn auf dem Teig verteilen.
* Blumenkohlröschen 5 Min. in kochendem Salzwasser vorgaren.
* Zwiebeln, Pilze, Paprika, Lauch und Tomate in dünne Scheiben schneiden. Alles Gemüse auf der Pizzafläche gleichmäßig verteilen. Mit Olivenöl begießen und mit gekörnter Gemüsebrühe und Oregano würzen.
* Ca. 20 Min. in gut vorgeheiztem Ofen bei 250° C goldgelb knusprig backen (Umluft ca. 15 Min.). Nach Wunsch mit Olivenöl beträufeln und ofenwarm genießen.

Auberginenscheiben mit Knoblauchpolenta

Zutaten:

* 4 Auberginen
* Salz
* 250 g Tomaten
* 1 Zwiebel
* 2 Knoblauchzehen
* 6 EL Olivenöl
* 0,5 l Wasser
* 2 EL gekörnte Gemüsebrühe
* 100 g Maisgrieß für die Polenta
* Pfeffer, Salz, Zitronensaft
* Petersilie (zum Garnieren)

Zubereitung:

* Auberginen waschen, putzen und quer in ca. 7 mm dicke Scheiben schneiden.
* Die Scheiben einzeln gut mit Salz bestreuen und in einer Schüssel 15 Min. ziehen lassen.
* Zwiebeln und Knoblauch schälen und würfeln
* und in einem kleinen Kochtopf in 2 EL Olivenöl 2 Min. anbraten, dann mit Wasser ablöschen und mit gekörnter Gemüsebrühe abschmecken.
* Maisgrieß einstreuen und unter Rühren bei niedriger Temperatur ca. 10 Min. ausquellen lassen.
* Unter fließendem Wasser das Salz von den Auberginenscheiben gut abspülen und diese mit Küchenpapier abtupfen.
* In einer Bratpfanne mit Olivenöl die Auberginenscheiben von beiden Seiten anbraten und warmstellen.
* Tomaten würfeln, kurz in der Bratpfanne erhitzen und über die Auberginenscheiben geben.
* Mit frischer Petersilie garnieren.
* Die Knoblauch-Polenta extra dazu reichen.

Frühlingsrollen

Zutaten:

* 2 Knoblauchzehen
* 2 TL Ingwer, gehackt
* 2 EL Erdnußöl
* 3 Paprika
* 3 Zwiebeln
* 2 EL helle Sojasauce
* Gekörnte Gemüsebrühe
* 2 EL chinesischer Reiswein (Asia-Shop) oder Portwein
* 1 TL 5-Gewürze-Pulver, wenn's richtig chinesisch schmecken soll (Asia-Shop)
* 1 Päckchen Frühlingsrollen-Teig (Asia-Shop)
* 500 ml Erdnußöl

Zubereitung:

* Wok oder Bratpfanne gut vorheizen. Knoblauch und Ingwer kleinschneiden und im heißen Erdnußöl kurz anbraten.

* Dann die feingeschnittenen Paprika und Zwiebeln ca. 5 Minuten mitbraten,

* mit Sojasauce und Reiswein ablöschen und mit gekörnter Gemüsebrühe und dem 5-Gewürze-Pulver abschmecken.

* Die Gemüsefüllung in eine Schale geben und den gereinigten Wok bzw. die Pfanne gleich wieder mit 500 ml Erdnußöl zum Fritieren vorheizen.

* Währenddessen je 2-3 TL der Gemüsefüllung auf ein Teigblatt setzen, leicht einrollen, die Seiten einschlagen und fertigrollen. Das Ende mit Hilfe von etwas Wasser verschließen.

* Die Frühlingsrollen in heißem Erdnußöl goldgelb fritieren und z.B. als Vorspeise servieren.

Serviervorschlag

Mit süßsaurer Sauce servieren.

Variante:

Nehmen Sie statt Paprika z.B. Zucchini und Auberginen oder ein anderes Gemüse Ihrer Wahl.

Falls Sie es gern süß mögen: Statt der Gemüsefüllung Bananen- und Apfelstücke in Frühlingsrollenteig einschlagen, fritieren und, mit flüssigem Honig übergossen, oder mit Zucker und Zimt servieren.

Zutaten:

* 350 - 400 g Tofu
* Bratöl
* 2 Zehen Knoblauch, gehackt
* 600 g zerkleinertes Gemüse (Tomate, Broccoli, Chinakohl, Champignons oder Shiitakepilze)
* 200 g Sojasprossen
* Gekörnte Gemüsebrühe
* Salz und Pfeffer
* 4 - 8 EL Sojasauce
* etwas Kokosmilch
* Sesamöl
* einige Glasnudeln zum Garnieren

Zubereitung:

* Tofu würfeln und im Wok oder in der Pfanne unter ständigem Wenden in heißem Öl leicht anbraten, anschließend das Tofu mit einem Schaumlöffel herausnehmen.

* Erneut Öl im Wok oder in der Pfanne erhitzen, den gehackten Knoblauch darin andünsten und nach und nach unter Rühren das zerkleinerte Gemüse (Tomaten, Broccoli, Chinakohl, Pilze) und die Sojasprossen dazugeben.

* Mit 1 Tasse Wasser ablöschen, 1 TL gekörnte Gemüsebrühe einrühren.

* Tofu-Stücke unterheben und kurz mitdünsten.

* Mit Salz, Pfeffer, 4-8 EL Soja-Sauce und etwas Sesamöl würzen.

* Nach Wunsch kann die Sauce mit Kokosmilch gebunden werden.

* Zur Dekoration eignen sich Glasnudeln, die zuvor ca. 2 Minuten lang in heißem Wasser eingeweicht wurden.

Green Curry

Zutaten:

* 400 g körniger Reis (Thaibonnet)
* 200 ml Wasser
* 1/2 gelbe Paprika
* 1/2 rote Paprika
* 1/2 grüne Paprika
* 100 g Brechbohnen
* 4 EL Bratöl
* 1 Zwiebel
* 1 Knoblauchzehe
* 1 Stück frischer Ingwer
* 400 ml Kokosmilch
* Gekörnte Gemüsebrühe
* 1 TL vegetarische Thai-Curry-Paste (grün)
* 1 reife Banane

Zubereitung:

* Reis in mittelgroßem Topf mit dickem Boden 3 x waschen und Wasser abgießen.

* Dann 2 Fingerbreit mit Wasser überdecken und unter gelegentlichem Rühren zum Kochen bringen, eventuell salzen. 1 Min. kochen lassen, dann mit dichtem Deckel zudecken und vom Herd nehmen. 20 Min. ohne Hitze garen lassen (Deckel nicht öffnen): So gibt's „Asia-Reis".

* Paprika putzen und in feine Streifen schneiden, Brechbohnen in mundgerechte Länge schneiden, Zwiebel und Knoblauch hacken, frischen Ingwer schälen und in feine Scheiben schneiden.

* Wok oder hochwandige Bratpfanne zunächst ohne Öl sehr gut vorheizen, dann Öl zugeben und Zwiebeln, Knoblauch und Ingwer 1 Min. darin schwenken.

* Gemüse dazugeben und unter ständigem Rühren 5 Min. bei großer Hitze braten. Mit Kokosmilch und Wasser ablöschen, mit gekörnter Gemüsebrühe und Currypaste würzen.

* Die Banane zerdrücken, hinzufügen und die Currysauce 5 Min. kochen, bis sie sämig abbindet.

* Mit dem Reis auf Tellern servieren oder Reis und Currysauce in getrennten Schälchen anrichten.

Falafel mit Tomatensalat

Exotische Gerichte

Zutaten:

* 250 g getrocknete Kichererbsen
* 2 Zwiebeln
* 3 Knoblauchzehen
* Paprika, edelsüß
* 2 TL Curry (oder je 1 TL gemahlener Koriander und Kreuzkümmel)
* 3 Bund Petersilie
* 100 g helles Weizenmehl
* 1 l Fritieröl
* 4 Tomaten
* 1 Zitrone
* 3 EL Olivenöl
* Salz, gekörnte Gemüsebrühe
* Sesam

Zubereitung:

* Kichererbsen über Nacht in 1 Liter kaltem Wasser einweichen.
* 1 Zwiebel und die Knoblauchzehen schälen. Zusammen mit den eingeweichten Kichererbsen Paprika, Curry und 1/2 Bund Petersilie im Mixer feinhacken.
* Diese Kichererbsenmasse in eine Schüssel geben, unter Zugabe des Weizenmehls zu einem formbaren, weichen Teig kneten und 10 Min. ruhen lassen.
* Restliche Petersilie grob schneiden, Tomaten in Scheiben schneiden, Zitronenschale abreiben und Saft auspressen.
* Olivenöl, Zitronenschale und -saft, Salz und gekörnte Gemüsebrühe zu einer Marinade vermengen, die Tomatenscheiben, die Petersilie unterheben und in Salatschälchen anrichten.
* Fritieröl in kleinem Kochtopf erhitzen. Aus dem Kichererbsenteig Kugeln formen und im heißen Fritieröl ca. 3 Min. goldbraun fritieren. Auf Küchenpapier warmstellen, in Sesam rollen und mit dem Salat servieren.

Zitronenbohnen mit Bratreis

Exotische Gerichte

Zutaten:

* 125 g Langkornreis
* Salz
* 500 g feine grüne Bohnen
* 2 Bund Frühlingszwiebeln oder 2 Zwiebeln
* 1 rote Paprikaschote
* 4 EL Olivenöl
* 4 EL Pinienkerne oder Sonnenblumenkerne
* 2 Zitronen (unbehandelt)
* Pfeffer
* 30 g Margarine
* 2 EL Korinthen
* Petersilie, Zitronenscheiben

Zubereitung:

* Reis in Salzwasser kochen. Abgießen und abtropfen lassen.
* Bohnen putzen und in Salzwasser 12 Min. garen.
* Frühlingszwiebeln putzen und in ca. 5 cm lange Stükke schneiden bzw. Zwiebeln kleinhacken.
* Paprika putzen und in feine Streifen schneiden.
* Pinienkerne in 2 EL Olivenöl goldbraun rösten und auf einem Teller beiseitestellen.
* Paprika und Zwiebeln 1 Min. in 2 EL Olivenöl anbraten.
* Bohnen, abgeriebene Schale und Saft der Zitrone, Salz und Pfeffer dazugeben und kurz erhitzen.
* Reis in Margarine braten und Korinthen zufügen.
* Bohnen und Bratreis mit Zitronenscheiben anrichten.
* Mit Petersilie und Pinienkernen garniert servieren.

Gemüse-Spieße

Party, Grillen ...

Zutaten:

* 2 Auberginen
* 2 Paprika
* 2 Zucchini
* 2 Zwiebeln
* 500 g Shiitakepilze
* 12 Holzspieße

Für die Marinade

* 4 EL Olivenöl
* 4 EL iBi-naise
* 2 EL Sambal Olek oder Harissa
* 1 EL Petersilie, gehackt
* 1 EL Rosmarin
* 1 EL Zitronenmelisse, gehackt
* 1 TL Liebstöckl, gehackt

Zubereitung:

* Holzspieße in Wasser einweichen (damit sie nicht auf dem Grill verbrennen).

* Das Gemüse und die Pilze in mittelgroße Würfel schneiden (ca. 3 bis 4 cm) und auf die Spieße stekken.

* Für die Marinade die Zutaten in einer Schüssel vermengen.

* Die Gemüsespieße mit einem Pinsel gleichmäßig mit der Marinade bestreichen und 1 Stunde ziehen lassen.

* Auf dem Holzkohlengrill ca. 30 bis 45 Minuten grillen.

Auberginen-Tomaten-Paste mit Oliven

Zutaten:

* 2 Auberginen
* Salz
* 250 g Tomaten
* 2 Knoblauchzehen
* 3 EL Olivenöl
* Pfeffer
* 1 TL Paprikapulver, edelsüß
* 1 Messerspitze Cayenne-Pfeffer
* Kreuzkümmel (nach Wunsch)
* ca. 200 g Oliven
* Frische Petersilie oder 1 TL Petersiliensauce

Zubereitung:

* Auberginen schälen, in Stücke schneiden und in reichlich kochendem Salzwasser ca. 10 Min. kochen. Dann abtropfen lassen.
* Tomaten und Knoblauchzehen grob hacken und in heißem Olivenöl ca. 10 Min. braten, bis die Flüssigkeit fast verdampft ist.
* Mit Salz, Pfeffer, Paprika und Kreuzkümmel würzen.
* Auberginen dazugeben, gut durchrühren und nochmals abschmecken.
* Oliven und gehackte Petersilie bzw. Petersiliensauce dazugeben.

Serviervorschlag:

Schmeckt warm oder kalt mit Fladenbrot oder Weißbrot.

Party, Grillen ...

Zutaten:

* 1/2 Glas iBi-hot
* 1 Tomate
* 100 g „Salamino“
* Salatblätter
* 3 EL Olivenöl
* 4 Croissants
* Petersilie, Basilikum oder andere frische Kräuter - wahlweise Pesto oder Petersiliensauce

Zubereitung:

* Kräuter feinhacken. Mit iBi-Hot gut verrühren.
* Die Croissants aufschneiden und mit der iBi-Mischung bestreichen.
* Nach Belieben mit Tomatenscheiben, „Salamino“, Salatblättern und frischen Kräutern belegen, nach Wunsch mit Frischkräutersaucen verfeinern.

Varianten:

Ihrer Phantasie sind keine Grenzen gesetzt - probieren Sie z.B. statt „Salamino“ einmal gebratene Shiitake-Pilze oder gegrillte Zucchini- Scheiben, Zwiebelringe ...

Auberginen-Baguette

Zutaten:

* 1 Aubergine
* Salz
* 8 EL Olivenöl
* frische Basilikumblätter oder 1 TL Pesto
* 2 EL Kapern
* 3 EL schwarze Oliven
* 1 Glas iBi-hot
* 1 Baguette
* 2 Tomaten

Zubereitung:

* Aubergine der Länge nach in ca. 8 mm dicke Scheiben schneiden. Beide Seiten mit Salz bestreuen und in einer Schüssel 15 Min. ziehen lassen. Die Auberginenscheiben danach unter fließendem Wasser gut abwaschen und mit Küchenpapier abtupfen. Anschließend in Olivenöl goldbraun braten.

* Die fertigen Auberginenscheiben abtropfen und ca. 15 Min. ruhen lassen. Währenddessen bereiten Sie den Aufstrich vor:

* Basilikum, Kapern und Oliven feinhacken und mit dem iBi-hot gut vermischen.

* Das Baguette schräg in 4 Stücke teilen, diese halbieren und beidseitig mit der iBi-Mischung bestreichen.

* Anschließend mit den gebratenen Auberginen und Tomatenscheiben belegen und servieren. Eventuell vorher mit einem Sticker fixieren.

Party, Grillen ...

Zutaten:

* 2 Auberginen
* 2 Zucchini
* 2 Paprika
* 2 Zwiebeln
* 500 g Pilze (Shiitake)
* 12 vegetarische Würstchen
* 1 vegetarische Bratrolle („Salamino“)
* 8 EL Olivenöl
* Salz, Pfeffer

Zubereitung:

* Holzkohlengrill vorbereiten.
* Das Gemüse der Länge nach in ca. 1 cm dicke Scheiben schneiden.
* Das Olivenöl mit Salz und Pfeffer vermischen und damit das Gemüse auf beiden Seiten bestreichen.
* Vegetarische Bratrolle in ca. 1 cm dicke Scheiben schneiden.
* Gemüse, Würstchen und Bratrollenscheiben zusammen ca. 15 Min. auf guter Glut grillen. Dabei alles immer wieder mit Öl bestreichen.

„DiWi-Party-Bratrollen“ und eine große Auswahl an weiteren „Fleisch-ohne-Fleisch“-Produkten erhalten Sie in vielen Läden oder bequem direkt zu Ihnen nach Hause geliefert mit dem
Hin zur Natur Versand
Max-Braun-Str. 4
97828 Marktheidenfeld-Altfeld
Versandkatalog gratis. Tel. 0800/5040555

Kichererbsen-Reis-Salat

Party, Grillen ...

Zutaten:

* 150 g Langkorn-Naturreis, Salz
* 250 g Kichererbsen (Dose oder Glas)
* 1 Bund Radieschen
* 1 Knoblauchzehe
* 1 Bund Koriander
* Saft von 1 Orange
* Saft von 1 Zitrone
* 2 EL Öl
* 1-2 TL Sambal Olek (nach Wunsch)
* Ingwerpulver
* Pfeffer aus der Mühle
* 1/2 Salatgurke
* 6 Tomaten
* 1 kleine Gemüsezwiebel

Zubereitung:

* Reis nach Packungsanweisung in Salzwasser garen.

* Kichererbsen abtropfen lassen. Radieschen abspülen, putzen und fein raspeln. Knoblauch pellen. Koriander abbrausen, trockenschütteln (einige Blättchen zum Garnieren abnehmen) und die Blättchen fein schneiden.

* Reis abgießen, kalt abschrecken und gut abtropfen lassen. Kichererbsen, Koriander, Orangen- und Zitronensaft, Öl, Sambal Olek, Ingwerpulver und den gepreßten Knoblauch dazugeben. Alles mischen und mit Salz und Pfeffer abschmecken. Kühl gestellt 30 Min. durchziehen lassen.

* Gurke schälen und in Scheiben schneiden. Tomaten abspülen und ebenfalls in Scheiben schneiden. Zwiebel pellen und in Ringe schneiden.

* Eine Platte mit Gurken- und Tomatenscheiben und Zwiebelringen auslegen. Den Kichererbsen-Reis-Salat nochmals abschmecken und daraufgeben. Mit Korianderblättchen garniert servieren.

Knabber-Gemüse mit „Pinzimonio“

Party, Grillen ...

Zutaten:

- 300 g Karotten
- 200 g Selleriestangen
- 300 g Fenchel
- 1 rote Paprika
- 1 grüne Paprika
- 1 Bd. Radieschen
- 150 ml Olivenöl
- 2 EL frischer Zitronensaft
- Salz, Pfeffer
- 1 EL Senf
- Chili

Zubereitung:

- Gemüse putzen und in Stifte schneiden und in einer großen Schale anrichten.

- Dazu verschiedene Olivenöl-Dips zubereiten:

  Olivenöl mit Salz und Pfeffer mischen, in 3 Dip-Schalen aufteilen und wie folgt abschmecken:

  - mit 1 EL Zitronensaft
  - mit 1 EL Zitronensaft und 1 EL Senf
  - mit Chili

Serviervorschlag:

Kann als Vorspeise serviert werden, dazu stellt sich jeder Gast seinen Dip selbst zusammen, um das Knabbergemüse darin zu „tunken“.

Auberginen-Röllchen

Party, Grillen ...

Zutaten:

* 2 Auberginen
* Salz
* Olivenöl
* 1 Glas iBi-pur
* 100 g Rucola oder Postelein
* Kleine Sticker zum Befestigen der Röllchen
* Cocktail-Tomaten zum Garnieren

Zubereitung:

* Auberginen der Länge nach in ca. 8 mm dicke Scheiben schneiden.
* Beide Seiten mit Salz bestreuen und in einer Schüssel 15 Min. ziehen lassen.
* Die Auberginenscheiben anschließend unter fließendem Wasser gut abwaschen und mit Küchenpapier trockentupfen.
* Auberginenscheiben in reichlich Olivenöl braten. Dann abtropfen und ca. 15 Min. ruhen lassen.
* Wie abgebildet, 2 TL iBi-pur pro Scheibe aufsetzen und die Auberginenscheiben mit mehreren Postelein- oder Rucola-Strähnchen belegen.
* Die Scheiben einzeln aufrollen und mit Sticker fixieren.
* Auf einer Platte schön garniert anrichten.

Tip:

Ideal für Buffets!

Sangria

Party, Grillen ...

Zutaten:

* 2 l Apfelsaft
* 1 l Rotwein
* 4 Pfirsiche oder Nektarinen
* 4 Äpfel
* 2 Orangen
* 2 Zitronen
* Zucker nach Belieben
* viele Eiswürfel

Zubereitung:

* Apfelsaft und Rotwein in eine große Salatschüssel gießen.

* Alle Früchte kleinschneiden, dazugeben, nach Wunsch süßen und mit vielen Eiswürfeln kühlen.

* Mindestens 1 Stunde ziehen lassen.

* Alkoholfreie Variante: statt Rotwein Johannisbeersaft oder roter Traubensaft

Ragout-Reispfanne mit Currysauce

„Fleisch“ – ohne Fleisch!

Zutaten:

* 2 Zwiebeln
* 1 Apfel
* 4 EL Olivenöl
* 1 TL gekörnte Gemüsebrühe
* 2 Glas 250 g DiWi-Gourmet-Ragout „Zwiebel“
* 1 Banane
* 1 Orange oder Mandarine
* 100 ml Weißwein
* 3 geh. TL iBi-Simba
* 100 ml Wasser
* Salz, Pfeffer, Currypulver

Zubereitung:

* Zwiebeln und Apfel kleinhacken, in Olivenöl 5 Min gut anbraten.
* Gekörnte Gemüsebrühe dazugeben und vermischen.
* DiWi-Gourmet-Ragout „Zwiebel“, Weißwein, die kleingeschnittenen Früchte, iBi-Simba und Wasser untermischen.
* Aufkochen und 2 Min. leicht köcheln lassen.
* Mit Curry, Salz und Pfeffer abschmecken.
* Mit körnigem Basmati-Reis und einem frischen Salat servieren. Dekorations-Tip: Die Hälfte des Reises mit Curry gelb einfärben.

„DiWi-Gourmet-Ragout“ und weitere „Fleisch-ohne-Fleisch“-Produkte erhalten Sie in vielen Läden oder bequem direkt zu Ihnen nach Hause geliefert mit dem
Hin zur Natur Versand
Max-Braun-Str. 4
97828 Marktheidenfeld-Altfeld
Versandkatalog gratis. Tel. 0800/5040555
www.hin-zur-natur.de

Ungarische Pfanne

„Fleisch" – ohne Fleisch!

Zutaten:

- 2 Zwiebeln
- 2 rote Paprika
- 4 EL Olivenöl
- 1 TL gekörnte Gemüsebrühe
- 2 Glas 250 g DiWi-Gourmet-Ragout „Paprika"
- 100 ml Rotwein
- 2 Glas 190 ml Tomaten-Paprika-Sauce
- Salz, Pfeffer

Zubereitung:

- Zwiebeln kleinhacken und Paprika in mundgerechte Stücke schneiden; in Olivenöl 5 Min gut anbraten.
- Gekörnte Gemüsebrühe dazugeben und vermischen.
- DiWi-Gourmet-Ragout „Paprika", Rotwein und Tomaten-Paprika-Sauce hinzufügen.
- Aufkochen und 2 Min. leicht köcheln lassen.
- Mit Salz und Pfeffer abschmecken.
- Servieren mit:
  Nudeln, Ravioli, Tortellini, Reis, Salzkartoffeln oder Kartoffelpüree.

Tagliatelle mit vegetarischem Ragout und Pilzen

„Fleisch“ – ohne Fleisch!

Zutaten:

* 1 Zwiebel
* 150 g Pilze (z.B. Shiitake)
* 4 EL Olivenöl
* 1 TL gekörnte Gemüsebrühe
* 2 Glas 250 g DiWi-Gourmet-Ragout „Zwiebel“
* 100 ml Rotwein
* 3 geh. TL iBi-Räuber
* 100 ml Wasser
* Salz, Pfeffer

Zubereitung:

* Zwiebel kleinhacken und Pilze in Scheibchen schneiden und in Olivenöl 5 Min gut braten.
* Gekörnte Gemüsebrühe dazugeben und vermischen.
* DiWi-Gourmet-Ragout „Zwiebel“, Rotwein, iBi und Wasser untermischen.
* Aufkochen und 2 Min. leicht köcheln lassen.
* Mit Salz und Pfeffer abschmecken.
* Mit Nudeln servieren, z.B. frischen Fettuccine oder Tagliatelle ohne Ei (vom italienischen Nudelmacher).

„DiWi-Gourmet-Ragout“ und weitere „Fleisch-ohne-Fleisch“-Produkte erhalten Sie in vielen Läden oder bequem direkt zu Ihnen nach Hause geliefert mit dem

Hin zur Natur Versand
Max-Braun-Str. 4
97828 Marktheidenfeld-Altfeld
Versandkatalog gratis. Tel. 0800/5040555
www.hin-zur-natur.de

Topinambur-Apfel-Salat

Salate mit dem gewissen Etwas

Zutaten:

* 200 g Topinambur
* 200 g Äpfel
* 1 TL Senf
* 50 ml Apfel- oder Orangensaft
* 100 ml Olivenöl
* Pfeffer, Salz
* eine Handvoll Haselnüsse, zum Garnieren

Zubereitung:

* Topinamburknollen gut abbürsten (nicht schälen) und mit einem Gurkenhobel in dünne Scheiben schneiden.
* Äpfel waschen, Kerngehäuse entfernen und in dünne Scheiben schneiden.
* Olivenöl mit Apfelsaft (oder Orangensaft), Senf, Salz und Pfeffer verrühren.
* Topinambur und Äpfel auf Tellern anrichten und die Sauce gleichmäßig darüber verteilen.
* Mit Haselnüssen garnieren.

Tip:

Dazu frisch geriebenen Meerrettich oder Bärlauchsauce anbieten.

Radicchio-Salat mit Weintrauben

Salate mit dem gewissen Etwas

Zutaten:

* 2 EL Pinienkerne oder Sonnenblumenkerne
* 2 Radicchio-Salate
* 1/2 Endivien-Salat
* 200 g Trauben
* 6 EL Olivenöl
* 4 EL Rotweinessig
* Gekörnte Gemüsebrühe
* Pfeffer, Salz
* etwas Rucola zum Garnieren

Zubereitung:

* Pinienkerne oder Sonnenblumenkerne in einer Pfanne ohne Fett kurz rösten.

* Salate putzen, waschen und in mundgerechte Stücke schneiden.

* Trauben waschen, trockentupfen, halbieren.

* Öl, Essig, gekörnte Gemüsebrühe, Pfeffer und Salz miteinander verrühren.

* Salate und Trauben auf Tellern anrichten, die Sauce darüberträufeln, mit den gerösteten Pinienkernen oder Sonnenblumenkernen bestreuen.

Sommer-Salat mit Croûtons

Salate mit dem gewissen Etwas

Zutaten:

* Verschiedene Salate (Endivien, Rucola, Lollo rosso, Postelein, Feldsalat ...)
* 2 große Scheiben Weißbrot, frisch oder vom Vortag
* Olivenöl
* Gekörnte Gemüsebrühe
* 2 EL Balsamico-Essig
* 1 Zwiebel
* 1 Knoblauchzehe
* Pfeffer, Salz

Zubereitung:

* Salat waschen und in mundgerechte Stücke schneiden.

* Für die Croûtons das Weißbrot in fingerbreite Würfelchen schneiden. Ohne Öl in einer Bratpfanne rösten, bis sie goldbraun sind.

* Olivenöl nach und nach in der gewünschten Menge dazugeben und rühren, bis es eingezogen ist.

* Mit 1 TL gekörnte Gemüsebrühe überstreuen und nochmals gut verrühren.

* Balsamico-Essig mit 4 EL Olivenöl, der feingehackten Zwiebel, der gepreßten Knoblauchzehe, Pfeffer und Salz zu einer Sauce vermischen.

* Den Salat auf Tellern anrichten, mit der Sauce übergießen und die Croûtons darüberstreuen.

Tip:

Olivenöl mit Bärlauchsauce oder Paprikapulver aromatisieren.

Grüne-Bohnen-Salat

Zutaten:

* 500 g feine grüne Bohnen
* Salz
* 250 g gemischter Blattsalat
* 1 Zwiebel
* 2 EL Weißweinessig
* 1/2 TL mittelscharfer Senf
* Pfeffer
* 4 EL Olivenöl

Zubereitung:

* Grüne Bohnen abspülen, putzen und in Salzwasser 10 Min. kochen.
* Abgießen, kalt abspülen und abtropfen lassen.
* Essig mit Senf, Salz, Pfeffer und Olivenöl verrühren und die Bohnen darin etwas ziehen lassen.
* Blattsalat waschen und abtropfen lassen.
* Zwiebel schälen und kleinhacken.
* Blattsalat mit Zwiebeln, grünen Bohnen und der Marinade mischen und anrichten.

Tomatensalat mit Fenchel

Zutaten:

* 300 g Tomaten
* 3 Fenchelknollen
* 2 EL Olivenöl
* 1 Knoblauchzehe
* 2 Saftorangen
* 2 EL Chilisauce
* Salz und Pfeffer aus der Mühle

Zubereitung:

* Tomaten waschen und abtrocknen, den Blütenansatz keilförmig herausschneiden, und die Tomaten in dicke Scheiben schneiden. Auf einer Platte anrichten. Fenchel waschen, putzen und das Fenchelgrün für die Dekoration aufheben. Fenchel vierteln und in dem Olivenöl leicht anbraten.

* Die Knoblauchzehe schälen und zerdrücken. Den Saft der Orangen auspressen und mit der Chilisauce verrühren. Knoblauch hinzufügen. Mit Salz und Pfeffer würzen, zum Fenchel geben und bei schwacher Hitze ca. 8 Min. dünsten.

* Den Fenchel zu den Tomaten legen, die Sauce noch einmal kurz einkochen lassen und dann über den Salat verteilen. Mit dem Fenchelgrün dekorieren.

* Dazu paßt geröstetes Brot.

Toskanischer Brot-Salat (Panzanella)

Zutaten:

* 100 g Kastenweißbrot (ohne Rinde, kann auch altes Brot sein)
* 1 EL Rotweinessig
* 1 EL Balsamico-Essig
* 50 g Frühlingszwiebeln
* 100 g grüne Paprikaschote
* 1 Knoblauchzehe
* 3 TL Kapern
* 3 EL Olivenöl
* Salz, Pfeffer
* 300 g Tomaten
* 1 Bund Petersilie

Zubereitung:

* Weißbrot in ca. 2 cm große Würfel schneiden, in einer beschichteten Pfanne ohne Fett hellbraun rösten. Die Brotwürfel in einer Schüssel mit dem Rotwein- und Balsamico-Essig beträufeln und mindestens 15 Minuten durchziehen lassen.

* Frühlingszwiebeln putzen und in feine Ringe schneiden. Paprikaschote putzen, waschen und trockentupfen. Zuerst in Streifen, dann in kleine Würfel schneiden. Tomaten waschen und in Würfel schneiden.

* Knoblauchzehe schälen und durch die Knoblauchpresse drücken.

* Frühlingszwiebeln, Paprika, Tomaten und Knoblauch mit Kapern und Olivenöl zu den eingeweichten Brotwürfeln geben. Alles gut mischen.

Endivien-Kartoffel-Salat

Zutaten:

* 500 g festkochende Pellkartoffeln, frisch oder vom Vortag (Zubereitung: S. 14)
* 2 mittelgroße Zwiebeln
* 2 EL Olivenöl
* 100 ml Wasser
* 3 TL gekörnte Gemüsebrühe
* Pfeffer, Salz
* 4 EL Essig
* 300 g Endiviensalat
* 1/2 Glas iBi-Simba
* frische Kräuter zum Garnieren: Petersilie, Schnittlauch, Kresse

Zubereitung:

* Kartoffeln pellen und in Scheiben schneiden.
* Zwiebeln feinhacken und im Olivenöl glasig dünsten.
* Wasser, iBi-Simba und Gewürze dazugeben und 1 Min. köcheln lassen.
* Kartoffelscheiben dazugeben und einmal aufkochen lassen.
* Endiviensalat waschen und grob zerteilen.
* In einer großen Salatschüssel mit den Kartoffeln vorsichtig vermischen.
* Mit frischen Kräutern dekorieren.

Couscous-Salat mit Broccoli und Salbei

Zutaten:

* 200 ml Wasser
* 2 TL gekörnte Gemüsebrühe
* 100 g Couscous
* 250 g Broccoli
* 2 EL Balsamico-Essig
* 1 Messerspitze Ingwerpulver
* 1 EL Sonnenblumenöl
* 2 - 3 frische Salbeiblätter
* Pfeffer, Salz
* nach Belieben einige Salbeiblättchen zum Garnieren

Zubereitung:

* Wasser zum Kochen bringen und mit gekörnter Gemüsebrühe würzen, 2 EL davon für das Dressing abnehmen.
* Couscous einrühren, aufkochen. Vom Herd nehmen und zugedeckt ohne Hitze 10 Min. quellen lassen.
* Den Broccoli putzen, in Röschen teilen und in Salzwasser bißfest kochen.
* Aus Balsamico-Essig, den 2 EL Brühe und dem Ingwerpulver ein Dressing rühren. Das Sonnenblumenöl mit einer Gabel unterschlagen. Salbei waschen, trockenschütteln, feinhacken und unterrühren.
* Couscous mit dem Dressing vermischen, Broccoliröschen unterheben und zugedeckt 8 Min. ziehen lassen. Vor dem Servieren nochmals mit Salz und Ingwerpulver abschmecken. Nach Belieben mit Salbeiblättchen garniert servieren.

Broccoli-Salat mit Rucola

Zutaten:

* 400 g Broccoli
* Salz
* 100 g Rucola
* 4 Tomaten
* 2 mittelgroße Zwiebeln
* 2 EL Essig
* 4 EL Olivenöl
* Gekörnte Gemüsebrühe, Pfeffer, Salz
* 2 EL Mandelstifte (zum Garnieren)

Zubereitung:

* Broccoli putzen, waschen und in Röschen teilen.
* In Salzwasser 5 Min. bißfest garen, absieben, kalt abbrausen und abtropfen lassen.
* Rucola waschen, abtropfen lassen und nach Belieben zerkleinern.
* Tomaten waschen und in Scheiben schneiden.
* Broccoli, Rucola und Tomaten auf Tellern anrichten.
* Sehr fein gehackte Zwiebeln mit Essig, Öl und Gewürzen vermischen und darübergeben.
* Mit Mandelstiften dekorieren.

Spargel-Salat mit roten Linsen

Zutaten:

* 500 g weißer Spargel
* 500 g grüner Spargel
* 100 g rote Linsen
* Salz
* 2 TL gekörnte Gemüsebrühe

für die Salatsauce:

* 4 EL weißer Essig
* 6 EL Olivenöl
* Gekörnte Gemüsebrühe, Pfeffer, Salz
* 2 gehackte Zwiebeln
* Petersilie oder Kerbel zum Darüberstreuen

Zubereitung:

* Weißen Spargel schälen, die Enden abschneiden und in Salzwasser ca. 10 Min. bißfest garen.

* Grünen Spargel waschen, die Enden großzügig abschneiden und ca. 8 Min. in Salzwasser garkochen.

* 250 ml Wasser aufkochen, 2 TL gekörnte Gemüsebrühe und die roten Linsen einstreuen, ca. 4 Min. auf kleiner Flamme garen.

* Spargel und Linsen auf Tellern anrichten.

* Die Zutaten für die Salatsauce miteinander vermischen und darübergießen.

* Feingehackte Petersilie oder Kerbel darüberstreuen.

Waldorf-Salat

Salate mit dem gewissen Etwas

Zutaten:

* 500 g Knollensellerie
* Saft einer Zitrone
* 2 rote Äpfel
* 25 g Walnußkernhälften
* 200 g Ananasstückchen - frisch oder aus der Dose
* 1 Glas iBi-naise (180 g)
* Pfeffer, Salz

Zubereitung:

* Sellerie schälen, fein reiben und sofort mit frisch gepreßtem Zitronensaft vermischen.
* Äpfel grob reiben und dazugeben.
* Walnüsse grob hacken und ebenfalls hinzufügen.
* Dann iBi-naise und Ananassaft dazugeben. Mit Salz und Pfeffer abschmecken.
* Alles gut vermischen und 15 Min. ziehen lassen.
* Mit Apfelscheiben und Ananasstückchen verziert servieren.

Ingwer-Getränk, warm oder kalt

Fitmacher-Getränke

Zutaten für 1 Liter:

* 40 g frischer Ingwer
* 1 unbehandelte Zitrone
* 2 EL Zucker
* 1 l kaltes Wasser

Zubereitung:

* Ingwer waschen und, in kleine Stücke geschnitten, in den Mixer geben.
* Zitrone abwaschen, Schale abschälen und Saft auspressen.
* Zucker, Zitronenschale und -saft in den Mixer geben.
* 3 Min. auf höchster Stufe mixen.
* Absieben.
* Ingwergetränk kalt oder heiß servieren.

Das Ingwer-Getränk ist ein exquisiter Durstlöscher, leicht scharf und sehr beliebt als Schutz vor Erkältung, bei den allerersten Anzeichen. Kühl aufbewahren.

„Green Power“

Zutaten:

* 100 g glatte Petersilie (1 Bund)
* 500 ml kaltes Wasser
* 250 ml Ananassaft, gekühlt
* 1/2 Zitrone
* 100 ml Holundersirup

Zubereitung:

* Petersilie waschen, grob schneiden und im Mixer mit dem Wasser 5 Min. fein mixen.
* Ananassaft, Saft der halben Zitrone und Holundersirup hinzufügen und nochmals 1 Min. mixen ...
* und ganz frisch zubereitet servieren.

„Green Power“
ist ein erfrischender Durstlöscher,
reich an naütrlichem Vitamin C,
für Ihre Gesundheit
und Ihr Wohlbefinden.

Gebackene Bananen

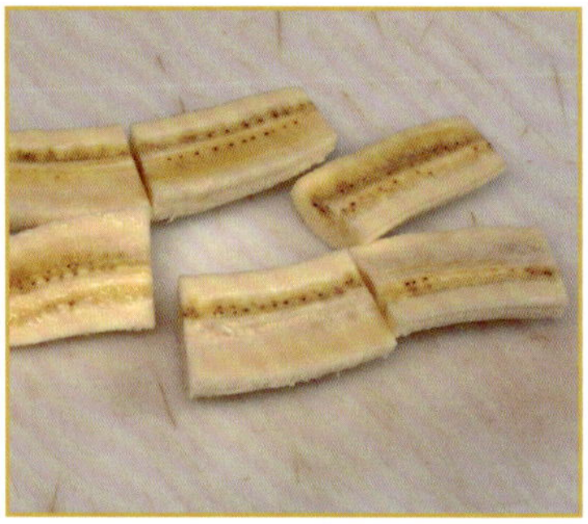

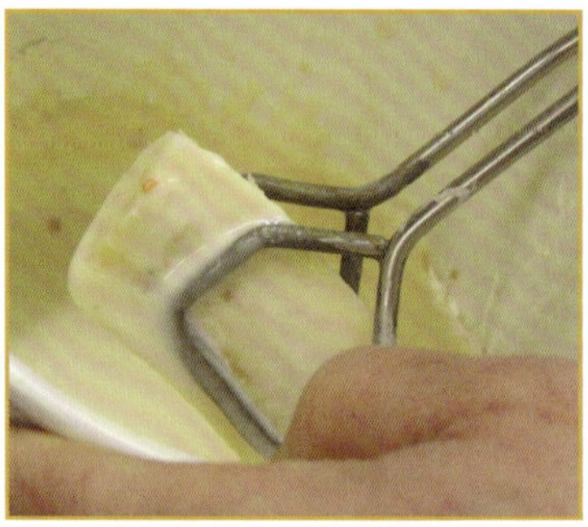

Zutaten:

* 4 Bananen, geschält
* 100 g Mehl
* 160 ml kohlensäurehaltiges Mineralwasser
* 1 TL Zucker
* 1 Prise Salz
* Fritieröl
* Zimt und Zucker oder flüssiger Honig

Zubereitung:

* Die Bananen der Länge nach halbieren und jede Hälfte einmal quer durchschneiden.
* Für den Teig: Mehl, Mineralwasser, Zucker und Salz gut verrühren.
* Öl in einem Wok oder einer Friteuse erhitzen, jedes Bananenstück in den Teig tauchen und goldgelb fritieren.
* Anschließend herausnehmen und abtropfen lassen.
* Mit Zucker und Zimt überstreuen oder mit Honig beträufeln.

Variante:

Probieren Sie Apfel- oder Ananasscheiben statt Bananen.

《松风阁诗》
新」，形成了
三折如「夏云

Crêpes mit süßer Füllung

Zutaten:

für den Crêpesteig

* 75 g helles Weizenmehl
* 75 g feines Maismehl
* 220 ml kohlensäurehaltiges Mineralwasser
* 1 Prise Salz

für die Füllung

* 200 g Pflaumenmarmelade
* 2 EL Zwetschgen-Schnaps (nach Wunsch)
* Zucker
* Zimt

Zubereitung:

* Zutaten des Crêpesteiges zu einem flüssigen Teig verrühren und 30 Min. quellen lassen.
* Pflaumenmarmelade mit Zwetschgenschnaps verrühren.
* Zucker und Zimt vermischen.
* Große Bratpfanne mit Antihaftbeschichtung auf zweithöchster Heizstufe des Herdes vorheizen.
* Etwas Öl mit einem Küchenpapier darin verreiben (kein schwimmendes Öl!).
* Crêpesteig mit dem Saucenlöffel in die Pfanne gießen und durch Drehen und Schräghalten der Pfanne hauchdünn auseinanderfließen lassen.
* Sobald die eine Seite goldgelb ausgebacken ist, wenden und fertigbacken.
* Crêpes mit Marmelade, Zukker und Zimt auf Tellern anrichten und sofort servieren.
* Portionsweise servieren - Crêpes müssen immer ganz frisch sein.

Variante:

Statt Pflaumenmarmelade können Sie die Crêpes natürlich auch mit Apfelmus füllen oder mit selbstgemachtem Früchtekompott (siehe z.B. Seite 164). Ihrer Phantasie sind keine Grenzen gesetzt.

Ofenguck

Zutaten:

* 12 Äpfel
* 6 Scheiben Brot
* Margarine
* 1/2 Tasse Rosinen
* 300 - 400 ml Hafermilch oder Sojasahne
* 1 EL Zucker
* 1 EL Maisstärke
* 1 Zitrone

Zubereitung:

* Die Äpfel reiben und das Brot würfeln.
* Die Auflaufform mit Margarine einfetten.
* Eine Lage Brotwürfel in die Auflaufform geben, darauf eine Lage geriebene Äpfel schichten.
* Rosinen darüberstreuen.
* Wieder eine Lage Brotwürfel (den Rest), wieder eine Lage geriebene Äpfel.
* Rosinen darüberstreuen.
* Hafermilch oder Sojasahne mit Maisstärke und Zukker zusammen verrühren und darübergießen.
* Zitronenschale fein darüberreiben und
* das Ganze im vorgeheizten Backofen bei 200° C ca. 45 Minuten backen.
* Ofen abschalten und Auflaufform noch ca. 15 Min im Ofen lassen, damit die Flüssigkeit gut vom Brot aufgesogen wird.

Feines Apfelkompott

Zutaten:

- 4 große Äpfel
- 100 g Zucker
- 200 ml Wasser
- 100 g Sultaninen
- 1 TL Zimt

Zubereitung:

- Kerngehäuse der Äpfel entfernen und Schnitze in mundgerechte Stücke schneiden.

- Bratpfanne mit Deckel verwenden. Zucker unter ständigem Rühren in der trockenen Pfanne erhitzen, bis der Zucker schmilzt und haselnußbraun karamelisiert.

- Mit Wasser ablöschen und 3 Min. köcheln lassen.

- Apfelstücke, Zimt und Sultaninen dazugeben, alles gut umrühren und zugedeckt 5 Min. auf kleiner Flamme köcheln lassen. Die Apfelstücke sollten gar sein, aber nicht völlig zerfallen.

- In flache Schale umgießen, um das Kompott abkühlen zu lassen.

- Dann auf einzelne Schälchen verteilen und servieren.

Variante:

So zubereitet, schmecken nicht nur Äpfel, sondern auch Aprikosen, Pfirsiche, Mirabellen und Pflaumen unwiderstehlich!

Vanille-Flammerie mit Waldbeeren

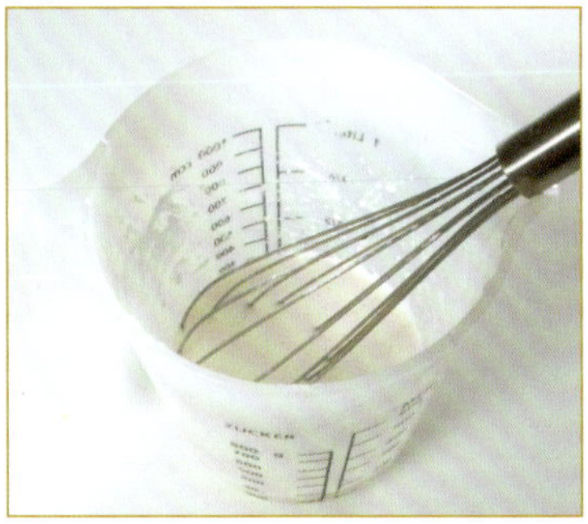

Zutaten:

- 1 l Reismilch mit Vanillegeschmack
- 80 g Maisstärke
- 240 g Zucker
- 140 g Margarine
- 250 g Waldbeeren (frisch oder tiefgefroren)

Zubereitung:

- Die Maisstärke mit 150 ml Reismilch in einem separaten Gefäß kalt anrühren.
- Den Rest der Reismilch mit 140 g des Zuckers und mit der Margarine in einem Topf zum Kochen bringen.
- Die aufgelöste Maisstärke unterschlagen, aufkochen und unter ständigem Rühren auf kleiner Flamme 1 Min. köcheln lassen.
- Heiße Creme in vorbereitete Dessertschälchen gießen und abkühlen lassen.
- Waldbeeren mit 100 g Zucker und evtl. etwas Wasser in einem Topf aufkochen, bis sich der Zucker gelöst hat; dann abkühlen lassen.
- Die erkaltete Vanillecreme damit übergießen.

Zwetschgen-Flambé

Zutaten:

* 600 g Zwetschgen (frisch, aus dem Glas oder tiefgefroren)
* 1 Packung Vanille-Eis (es gibt auch sehr leckeres veganes Eis!)
* Strohrum (80%) zum Flambieren
* 4 EL Zucker
* 1/2 TL Zimtpulver
* 1 EL Margarine

Zubereitung:

* Zwetschgen entkernen und in Spalten schneiden.
* Margarine schmelzen, Zimt und Zucker dazugeben und leicht karamelisieren.
* Zwetschgen dazugeben und leicht andünsten.
* Eine Saucenschöpfkelle in der Zuckersauce erhitzen, mit dem Rum füllen, anzünden und brennend über die Zwetschgen gießen. Zwetschgen umrühren, bis die Flamme erlischt.
* Flambierte Zwetschgen auf eisgekühlten Tellern anrichten, Vanilleeis daraufgeben und mit Walnußhälften und Zimtpulver garnieren.
* Variante: Sie können das Flambieren natürlich auch weglassen und statt dessen, wenn Sie möchten, zum Schluß 1 TL Rum zum Aromatisieren dazugeben.

Mocca-Creme

Zutaten:

* 1 l Hafermilch
* 80 g Maisstärke
* 140 g Zucker
* 2 Päckchen Vanillezucker oder etwas Vanillepulver
* 140 g Margarine
* 2 EL löslicher Kaffee oder Getreidekaffeepulver
* Makronen-Gebäck und Schokomocca-Bohnen zum Garnieren

Zubereitung:

* Die Maisstärke mit 150 ml Hafermilch in einem separaten Gefäß kalt anrühren.
* Den Rest der Hafermilch mit dem Zucker, dem Vanillezucker und der Margarine in einem Topf zum Kochen bringen.
* Die heiße Hafermilch auf zwei Töpfe verteilen.
* In einem Topf den löslichen Kaffee einrühren.
* Die aufgelöste Maisstärke je zur Hälfte in die 2 Töpfe unterschlagen, aufkochen und unter ständigem Rühren auf kleiner Flamme 1 Min. köcheln lassen.
* Die zwei heißen Cremes gleichzeitig in vorbereitete Dessertschälchen gießen und abkühlen lassen.
* Mit Kaffeebohnen und Makronen-Gebäck dekorieren.

Mandel-Flammerie mit Karamelsauce

Zutaten:

* 1 l Mandelmilch
* 200 ml Wasser
* 80 g Maisstärke
* 100 g ungeschälte Mandeln
* 140 g Margarine
* 2 Päckchen Vanillezucker oder Vanillepulver
* 240 g Zucker

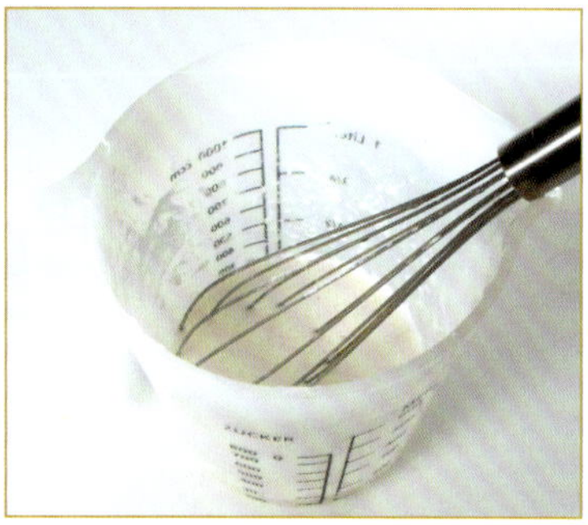

Zubereitung:

* Die Maisstärke mit 150 ml Mandelmilch in einem separaten Gefäß kalt anrühren.
* Den Rest der Mandelmilch mit 140 g des Zuckers, mit der Margarine und dem Vanillezucker in einem Topf zum Kochen bringen.
* Die aufgelöste Maisstärke unterschlagen, aufkochen und unter ständigem Rühren auf kleiner Flamme 1 Min. köcheln lassen.
* Heiße Creme in vorbereitete Dessertschälchen gießen und abkühlen lassen.
* Mandeln grob hacken und mit 100g Zucker in einer Bratpfanne nußbraun karamelisieren.
* Mit 200 ml Wasser ablöschen, aufkochen lassen und auf die Hälfte einkochen.
* Die erkaltete Mandelcreme damit dekorieren.

Feiner Apfelkuchen

Zutaten:

für den Mürbteig:

* 170 g helles Weizenmehl
* 70 g Margarine
* 70 g Zucker
* 35 ml Wasser
* 10 g iBi-pur
* 1 Prise Kurkuma (Gelbwurz, für die Farbe)

für den Belag:

* 330 g Apfelmus (mit wenig Flüssigkeit)
* 1 EL Rum
* 3 mittelgroße Äpfel
* 2 EL Aprikosenmarmelade
* 1 EL Wasser oder Rum

Zubereitung:

* Alle Zutaten für den Mürbteig gut zusammenkneten.
* In Frischhaltefolie einwickeln und im Kühlschrank zwischenlagern. (Mürbteig ist geschmeidiger, wenn er am Vortag gemacht wird.)
* Den Mürbteig 4 mm dick ausrollen und den eingefetteten Boden einer Springform so belegen, daß ein Rand von ca. 2 cm Höhe entsteht.
* Apfelkompott mit dem Rum gut verrühren und auf dem Mürbteig verteilen.
* Äpfel schälen, vierteln, entkernen und, in Scheiben geschnitten, darauf ausbreiten.
* Im vorgeheizten Ofen bei 200° C (180° C Umluft) ca. 40 Min. backen.
* Aprikosenmarmelade in einer Tasse mit Wasser oder Rum auflösen und auf den fertiggebackenen, noch heißen Kuchen streichen.

Apfel-Marzipan-Kuchen

Zutaten:

für den Mürbteig:

* 170 g helles Weizenmehl
* 70 g Margarine
* 70 g Zucker
* 35 ml Wasser
* 10 g iBi-pur
* 1 Prise Kurkuma (Gelbwurz, für die Farbe)

für den Rührteig:

* 125 g Margarine
* 125 g Zucker
* 3 mittelgroße Äpfel
* 1 Prise gemahlene Vanilleschoten oder 1 Päckchen Vanillezucker
* 1 EL Rum
* 1 Prise Salz
* 10 Tropfen Zitronenextrakt
* 60 g iBi-pur
* 40 ml Hafermilch
* 2 TL Backpulver
* 200 g helles Weizenmehl

für den Belag:

* 750 g Äpfel
* 150 g Marzipan
* 2 EL Aprikosenmarmelade
* 1 EL Wasser oder Rum

Zubereitung:

* Alle Zutaten für den Mürbteig gut zusammenkneten. Dann in Frischhaltefolie einwickeln und im Kühlschrank zwischenlagern (Bildchen dazu: Seite 170). (Mürbteig ist geschmeidiger, wenn er am Vortag gemacht wird.)

* Für den Rührteig: Margarine mit Rührgerät schaumigrühren. Zucker, Vanille, Rum, Salz und Zitronenextrakt einarbeiten, bis eine glatte Masse entsteht. iBi-pur mit Hafermilch in einer Tasse auflösen und hinzufügen. Mehl mit Backpulver mischen, sieben und nach und nach unterrühren.

* Den Mürbteig 4 mm dick ausrollen und den eingefetteten Boden einer Springform damit belegen. Darauf eine dünne Schicht Rührteig verteilen.

* Äpfel schälen, vierteln, entkernen und, in kleinere Stücke geschnitten, darauf ausbreiten. Mit dem restlichen Rührteig die Apfelstücke bedecken.

* Marzipan durchkneten und auf dem Kuchen verteilen (zwischen Daumen und Zeigefinger flachdrücken).

* Im vorgeheizten Ofen bei 180° C (170° C Umluft) 40 - 50 Min. backen. Aprikosenmarmelade in einer Tasse mit Wasser oder Rum auflösen und auf den fertiggebackenen, noch heißen Kuchen streichen.

Zwetschgenkuchen

Kuchen, Gebäck ...

Zutaten:

für den Hefeteig

* 125 ml Hafermilch
* 125 ml heißes Wasser
* 60 g Zucker
* 1 Prise Salz
* 40 g frische Hefe (1 Würfel)
* 500 g helles Weizenmehl
* 50 g Margarine

für den Belag

* 1 kg reife Zwetschgen
* 100 g gemahlene Haselnüsse oder Semmelbrösel
* 100 g Zucker
* 2 TL Zimtpulver

Zubereitung:

* Für den Hefeteig: Hafermilch, heißes Wasser, Zucker und Salz in einer Schüssel verrühren. Hefe hineinkrümeln und mit dem Schneebesen auflösen. Mehl und Margarine zugeben und alles - am besten von Hand - gut verkneten. Den Teig zugedeckt an einem warmen Ort mindestens 1 Stunde gehen lassen.

* Zwetschgen waschen, einschneiden, entsteinen.

* Hefeteig auf gut gefettetem Backblech ausbreiten (Ränder und Ecken gut ausformen). Gemahlene Haselnüsse auf den Hefeteig streuen.

* Zwetschgen auf dem Teig auslegen. Zucker und Zimt vermischen und über die Zwetschgen streuen.

* Bei 200° C (180° C Umluft) ca. 30 Min. goldbraun backen.

Variante mit Streuseln:

* *175 g Zucker*
* *200 g Margarine*
* *300 g helles Weizenmehl*
* *1 Prise gemahlene Vanilleschoten oder 1 Päckchen Vanillezucker*
* *2 Tropfen Zitronenextrakt*
* *1 Prise Salz*

* *Alle Zutaten miteinander verkneten und zu Krümeln lockern.*
Den Kuchen vor dem Backen damit gut bedecken.

Zutaten für den Mürbteigboden:

* 170 g helles Weizenmehl
* 70 g Margarine
* 70 g Zucker
* 35 ml Wasser
* 10 g iBi-pur
* 1 Prise Kurkuma (Gelbwurz, für die Farbe)

Zubereitung:

* Alles gut zusammenkneten. In Frischhaltefolie einwickeln und im Kühlschrank mindestens 30 Min. ruhen lassen.
* Mürbteig 4 mm dick ausrollen.
* Auf den Durchmesser einer Springform ausschneiden.
* Auf ein eingefettetes Backblech legen, mit Gabel einstechen und bei 200° C (180° C Umluft) ca. 20 Minuten goldbraun backen.

Zutaten für den Biskuitteig:

* 250 g gemahlene Haselnüsse
* 200 g Zucker
* 1 Prise gemahlene Vanilleschoten oder 1 Päckchen Vanillezucker
* 2 - 3 Tropfen Bittermandelaroma
* 250 g helles Weizenmehl
* 4 TL Backpulver
* ca. 250 ml Hafermilch oder Kokosmilch
* 2 EL Sonnenblumenöl (für das Einfetten der Springform)

Zubereitung:

- Haselnüsse, Zucker, Vanille, Bittermandelaroma und das vorher mit dem Backpulver vermischte Weizenmehl in eine Schüssel geben und miteinander verrühren.
- So viel Hafermilch nach und nach dazugeben, bis der Teig schwer reißend vom Löffel fällt.
- Springform gut einfetten oder Boden mit einem Backpapier belegen.
- Biskuitteig einfüllen und bei 180° C (170° C Umluft) ca. 50 Minuten backen.

Zutaten für die Moccacreme:

- 250 ml Kaffee oder Getreidekaffeepulver
- 120 g Zucker
- 50 g Kakaopulver
- 250 ml Hafermilch
- 60 g Speisestärke
- 1 EL Weinbrand oder Cognac
- 250 g Margarine

Zubereitung:

- Kaffee, Zucker und Kakaopulver im Kochtopf verrühren und aufkochen.
- Speisestärke in kalter Hafermilch auflösen und in die kochende Flüssigkeit gut einrühren. Ca. 2 Min. weiterköcheln lassen.
- Vom Herd nehmen und Weinbrand einrühren.
- Fertige Puddingmasse auf einem kalten Blech zum Kühlen ausstreichen und mit einer Plastikfolie bedecken, damit sich keine Haut bildet.
- Margarine und Puddingmasse auf Zimmertemperatur abkühlen lassen (das ist wichtig, sonst flockt beim nächsten Arbeitsschritt die Moccacreme aus).
- Margarine mit einem Gerät schaumig rühren und Pudding eßlöffelweise einrühren, bis sich eine glatte Moccacreme bildet. Moccacreme kalt stellen.

Weitere Zutaten:

* 100 g Aprikosenmarmelade
* 6 EL Weinbrand oder Cognac

Zubereitung der Torte:

* Den fertiggebackenen Mürbteigboden auf eine Tortenplatte legen.
* Aprikosenmarmelade mit 2 EL Weinbrand in einer Tasse glattrühren und auf den Mürbteig streichen.
* Den ausgekühlten Biskuitteig in 2 Schichten schneiden, die untere auf den Mürbteig mit der Marmelade auflegen und leicht andrücken.
* 4 EL Wasser mit 4 EL Weinbrand in einer Tasse vermischen und die Hälfte davon mit einem Löffel auf dem Mürbteig verteilen und einziehen lassen.
* Ein Drittel der Moccacreme auf dem Biskuit verteilen.
* Die zweite Biskuitschicht auflegen und leicht andrücken.
* Mit dem zweiten Drittel der Moccacreme die ganze Torte überziehen, auch den Tortenrand.
* Gemahlene Haselnüsse aufstreuen und auch auf den Tortenrand andrücken - sie haften an der Moccacreme.
* Mit dem letzten Drittel der Moccacreme und einem Spritzbeutel die Torte verzieren und mit ganzen Haselnüssen dekorieren.
* Die Mocca-Nußcreme-Torte kaltstellen.

Zutaten für den Biskuitteig:

- 200 g helles Weizenmehl
- 1 Päckchen Vanillezucker oder 1 Prise Vanillepulver
- 120 g Zucker
- 3 TL Backpulver
- 6 EL Sonnenblumenöl
- 250 ml stark kohlensäurehaltiges Mineralwasser

Zubereitung:

- Alle Zutaten zu einem dünnflüssigen Teig verrühren.
- Backblech mit Backpapier auskleiden.
- Teig hineingießen und im vorgeheizten Backofen bei 160 - 170° C 20 - 25 Min. backen.
- Abkühlen lassen.

Zutaten für die Creme:

- 500 ml Mandelmilch
- 1 Tüte Vanillepudding für 500 ml Flüssigkeit
- 5 TL lösliches Kaffeepulver oder Getreidekaffeepulver
- 4 EL Amaretto-Likör
- 70 g Margarine

Zubereitung:

- Vanillepudding gemäß Packungsanleitung zubereiten (mit Mandelmilch).
- Kaffeepulver in Amaretto-Likör auflösen und zusammen mit der Margarine in den noch heißen Vanillepudding einrühren.

Zutaten für den Guß:

- 100 ml kaltes Wasser
- 8 TL lösliches Kaffeepulver
- 3 EL Amaretto-Likör
- 3 EL Zucker

Das Tiramisu zubereiten:

* Die Hälfte des Biskuitteiges in eine mittelgroße Gratinform einpassen.
* Zutaten für den Guß vermischen und die Hälfte davon mit dem Löffel über den Biskuit verteilen.
* Dann die Hälfte der Creme auf dem Biskuit verteilen.
* Die zweite Biskuithälfte darauflegen und den Rest des Gusses darüber verteilen.
* Die zweite Hälfte der Creme über alles verteilen und mit Kakaopulver bestreuen.
* Mehrere Stunden kalt stellen und ziehen lassen.

Verzeichnis aller Rezepte

Das Gütesiegel für Lebensmittel aus Friedfertigem Landbau

Das *Kochbuch Tiere leben lassen. Vegetarisch und vegan kochen* empfiehlt für die Zubereitung der leckeren Gerichte die Verwendung von hochwertigen Lebensmitteln - im Interesse Ihrer Gesundheit und der Natur. Unter dem Gütesiegel „*Lebe Gesund - Güter Neu Jerusalem. Wir arbeiten für Natur und Tiere*" erhalten Sie gesunde Lebensmittel aus der reinen Natur: Gemüse und Obst, gutes Brot aus Steinmühlenmehl, feine Aufstriche, Suppen, Kräutersaucen, *iBi* in verschiedenen Variationen - aus Sonnenblumenkernen, auch als Alternative für Butter, Margarine, Sahne und Mayonnaise -, gesunde Säfte und vieles mehr.

Fordern Sie den kostenlosen Versandkatalog an:

Lebe Gesund! Versand
Max-Braun-Str. 4, 97828 Marktheidenfeld
Tel. gebührenfrei rund um die Uhr:
0800/122-4000, Fax 0800/122-4009
Internet: www.LebeGesund.de

Unter dieser Anschrift erhalten Sie außerdem nähere Informationen über das Konzept des Friedfertigen Landbaus sowie eine Liste der Märkte und Läden in Ihrer Nähe.

Das *Kochbuch Tiere leben lassen* erscheint im Auftrag der

Gabriele-Stiftung

Das Saamlinische Werk der Nächstenliebe
an Natur und Tieren
Dein Reich kommt - Dein Wille geschieht
Bete und arbeite

Das Gnadenland
Heimat für Tiere

Tiere haben in unserer Gesellschaft keine Stimme, keine Rechte, keine Lobby. Sie können kein Bankkonto eröffnen, keine Verträge abschließen und auch kein eigenes Land erwerben. Die Gabriele-Stiftung, das Saamlinische Werk der Nächstenliebe an Natur und Tieren, handelt stellvertretend für die Tiere. Sie schafft Lebensräume für Tiere, in denen sie ein Leben führen können, das freier Gottesgeschöpfe würdig ist. Wildtiere können sich frei in einer natürlichen Umgebung mit weitläufigen Rückzugsgebieten bewegen. Feucht- und Steinbiotope, Wälder, Bauminseln und viele Kilometer Hecken bieten Rehen, Hasen, Vögeln, Feldhamstern, Wildenten und zahlreichen anderen Tieren Schutz und Nahrung.
Auch Weidetiere, z.B. Schafe und Rinder, die vor dem Schlächter gerettet werden, finden auf dem friedvollen Land eine Heimat und müssen nicht länger um ihr Leben bangen. Sie lernen den Menschen erstmals als Freund kennen und können ihr eigentliches Wesen entfalten. Gerne schildern wir Ihnen, was im einzelnen für die Natur und die Tiere aufgebaut wird und wie Sie mithelfen können. Schon 1,- Euro hilft! Wir schicken Ihnen auf Wunsch gerne Gratis-Informationen zu; wenden Sie sich bitte an:

Gabriele-Stiftung
Max-Braun-Str. 2, 97828 Marktheidenfeld
Tel. 09391/504-427, Fax 09391/504-430

Weitere Informationen über die Gabriele-Stiftung finden Sie im Internet unter www.Gabriele-Stiftung.de

Möchten Sie das friedvolle Land mit seinen Tieren im Internet anschauen?

Sender Neu Jerusalem – Für das Friedensreich Jesu Christi

www.Neu-Jerusalem.de

Das tierfreundliche Kochbuch

Hin zur Natur

Vegan vegetarisch essen heißt leicht, locker und beschwingt werden - mit den Rezepten aus dem „Tierfreundlichen Kochbuch":

Leckere Gemüsegerichte, herzhafte Kürbisspezialitäten, Nudeln, internationale Gerichte, Salate, Reis, Backrezepte ... Gutes, das gesund ist und schmeckt, muß nicht kompliziert und aufwendig sein. Schritt für Schritt erfahren Sie, wie Sie ganz leckere Gerichte auf den Tisch bringen können, ohne Fleisch, ohne andere Produkte tierischen Ursprungs. Es gibt unzählige Variationsmöglichkeiten, Spielraum für Ihre Kreativität und individuellen Vorlieben - so wird das Kochen zum Vergnügen.

Gesundheit, Genuß und Tierliebe sind in diesem Kochbuch vereint!

Der Erlös aus dem Verkauf des *Tierfreundlichen Kochbuches* kommt der *Gabriele-Stiftung, dem Saamlinischen Werk der Nächstenliebe an Natur und Tieren*, zugute.

2., erweiterte Auflage, 208 S., geb.,
21 x 28 cm, ganzseitige Farbfotos,
mit Schritt-für-Schritt-Bildanleitung und
Extra-Broschüre mit Saucenrezepten

Best.-Nr. S 436, Euro 24,00, SFr 42,20
Verlag DAS WORT, ISBN 3-89201-143-5

Wählen Sie aus über 100 veganen Rezepten, z.B.:

Apfel-Kartoffel-Pfanne
Asiatische Gemüseschüssel
Bandnudeln mit Pilzen
Rigatoni mit Broccoli
Fenchel-Orangen-Salat
Gefüllte Auberginen
Geschmorter Chicorée
Griechischer Gemüsetopf
Hokkaido-Puffer
Kartoffelpuffer mit Sauerkraut
Mangoldgemüse
Vegetarische Moussaka
Nudel-Gemüse-Pfanne
Paprika-Kartoffel-Gulasch
Pastinaken-Puffer
Rotkohl-Kartoffel-Gratin
Rucola mit Shiitake-Pilzen
Risotto mit Pilzen
Spinat-Spätzle
Tortilla espanola
Zucchini-Gratin u.v.a.m.

Bücher für die Einheit von Mensch, Natur und Tieren

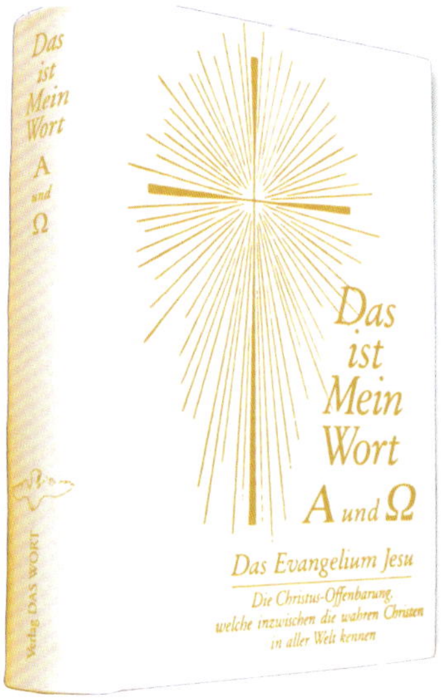

Das ist Mein Wort A und Ω Das Evangelium Jesu

Die Christus-Offenbarung, welche inzwischen die wahren Christen in aller Welt kennen

Jesus war ein Mann des Volkes, nicht der Kirche! Erfahren Sie bisher unbekannte Details über das Leben und die Lehre des Jesus, des Christus. Durch das ganze Werk zieht sich wie ein roter Faden Seine Lehre an die Menschen, Natur und Tiere zu achten und zu lieben, z.B.:

Aus dem Inhalt: Hat Christus nur für die Menschen gelitten? Christus kam auch, um die Tiere von ihrem Leiden und ihrer Qual zu erlösen! – Achtung vor dem Leben der Pflanzen und Tiere – Jesus tadelt die Grausamkeit gegen ein Pferd – Wer in Gott lebt, ist mit allen Geschöpfen eins – Aussterben vieler Tierarten – Bedeutung vieler Tiere für das ökologische Gleichmaß – Das Gesetz von Saat und Ernte gilt auch im Umgang mit der Schöpfung – Tieropfer und Fleischnahrung – Tierversuche sind Gott ein Greuel – Die Nahrung, eine Gabe Gottes - Ernährung und Gesundheit nach Gottes Willen – Umkehr der Menschen zur Einheit mit der Natur – Die Liebe Jesu für alle Geschöpfe – Über das Töten von Tieren – Über Gewaltanwendung und Blutvergießen. Bekehrung des Vogelfängers – Mit Tieren Geschäfte machen – Mose bejahte nicht das Tieropfer ...

1104 Seiten, geb., Best.-Nr. S 007.
Euro 13,00. SFr 23,60
ISBN 3-89201-153-2

Auch in englisch, französisch, italienisch, spanisch, kroatisch, mazedonisch, polnisch, russisch, serbisch, slowakisch lieferbar.

Der Mord an den Tieren ist der Tod der Menschen

Das Maß ist voll - es ist genug! Die Ausbeutung und Verunreinigung der Erde, das Töten und Quälen von Millionen von Tieren hat massive Auswirkungen auf das Leben der Menschen ... *Broschüre, 60 Seiten,* ***gratis***

Jetzt auch als Hörbuch:

2 CDs, Euro 9,80, SFr 18,90
ISBN 3-89201-165-6

Schau mir in die Augen

Ob es unsere Katze ist, ein Reh im Wald, ein Kälbchen, ein Fuchs, ein Hase oder ein Papagei - was empfinden wir, wenn wir einem Tier tief in die Augen schauen? - Ein liebevoll gestaltetes Büchlein mit wunderschönen Tierportraits, begleitet von Aussagen und Gedanken über die Natur und unsere Mitgeschöpfe.

96 S., geb., Format 16 x 16,5 cm,
mit ganzseitigen Tierbildern
Euro 13,00, SFr 23,60
Best.-Nr. S 364, ISBN 3-89201-166-4

Tiere klagen - der Prophet klagt an!

Gabriele, die Prophetin und Botschafterin Gottes in unserer Zeit, verleiht den Tieren eine Stimme, die auch zu Ihrem Herzen sprechen möchte. In dieser Broschüre zeigt sie außerdem die Hintergründe für die jahrtausendelange Mißachtung von Tieren auf.

Broschüre, 160 S.,
mit Farbbildern, ***gratis***

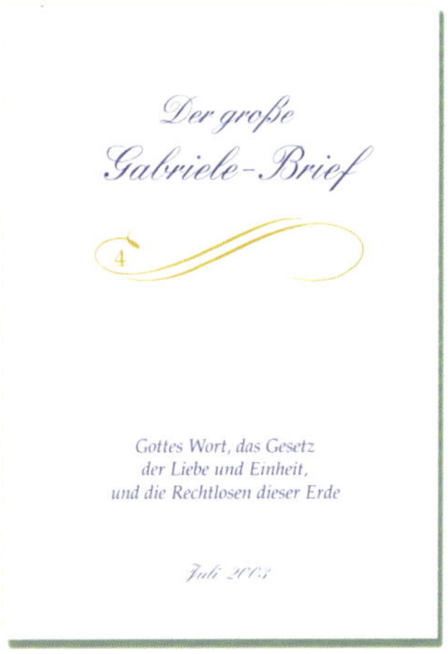

Der große Gabriele-Brief 4: Gottes Wort, das Gesetz der Liebe und Einheit, und die Rechtlosen dieser Erde

Unter anderem beschreibt Gabriele ihre persönlichen Erlebnisse und Erfahrungen in der Natur und mit den Tieren.

Boschüre, 192 Seiten, ***gratis***